טאניו רומאנו

התרמית הפלסטינאית

הסיפור האמיתי שלא יאמן לאחר 75 שנות "פייק ניוז" אנטי ישראליים

L'INGANNO PALESTINESE

מאת

TANIO ROMANO

תורגם מאיטלקית ע"י
יעקב (ג'ק) תשובה

לבני ארצי היהודים שתרמו למאבק שחרור איטליה, מהכובשים בשנים 1861 ו-1945 ולכל החברים הישראליים.

תוכן העניינים

הערותמחבר 15

הקדמה 17

פרק 1 – ללא היסטוריה 19

1 המצאת "פלסטין" 19

2 ישו-שליים 24

3 "גניבת" (בתשלום) הקרקעות 28

4 ישראל מנצחת, לבד נגד כולם 32

5 דוד הישראלי נגד גוליית הערבי 37

6 1956: הערבים מנסים שוב את מזלם 40

7 שישה ימים של תוקפנות חדשה 42

8 החיכוך של (עוד) תבוסה 46

9 מלחמה גם בחגים 46

10 לבנון 1982: הטבח (הלא) ישראלי 47

11 לבנון 2006: ההפסד מחדש 50

פרק 2 – פליטים פלסטינאים באשמת...הערבים 52

1 ההוכחות הנצחיות על "הגירת" הפליטים 52

2 הגזענות הערבית נגד הפליטים הפלסטינאים 63

3 שטחים (לא) כבושים 67

פרק 3 – האימפריאליזם הפלסטינאי 77

1 "פלסטי-נאצים" 77

2 האפרטהייד האנטי ישראלי 89

3 נייר פלסטינאי.... *מזמר* 93

4 ערפאת, מנהיג השחיתות הערבית 101

פרק 4 – הגנה (לא) לגיטימית 108

1 קדימה ישראלי, תהיה אמיץ....תן להם לטבוח בך 108

2 "חומה" של שקרים 112

פרק 5 – הדמוקרטיה היחידה במזרח התיכון 120

1 אנטי גזענות *תוצרת הארץ* 120

2 פלסטינאים נגד "ערב אל-זבדה" וקצפת ערבית 126

פרק 6 – זה לא אמיתי אך......שווה לי להאמין לכם........131

1 המפות של הפלסטינאים.................131

2 השקרים לא מחזיקים מים 134

3 "פלליווד".......................................143

פרק 7 – הלובי הערבי...........................157

1 מידע מטעה בכיוון אחד....................157

2 לכתוב, חרם, לקרוא אנטישמיות.................165

3 "או-בה-מה" 172

4 בני ברית "שותפים" של הפתרון הסופי?...................190

תודות...196

ביבליוגרפיה................................199

הערות המחבר

••••

הספר הזה נבדק בקפידה מספר פעמים: אף על פי כן אינני מתיימר להבטיח שהתוצר הוא מושלם, ובטוח שהוא לא כזה. כשאוספים מאות תאריכים, שמות, מקורות, מספרים, ציטוטים ואנקדוטות טעויות תמיד יימצאו, גם טעויות דפוס. הנני סומך על חסד הקוראים שהעבודה בוצעה באמונה מלאה ובנקיון כפיים. נשמח לקבל הערות הקוראים ולתקן כל מה שדורש תיקון.

בגלל כמות הנתונים הגדולה המובאים בספר ועל מנת לגרום לקריאה שוטפת עד כמה שאפשר, בחרתי – בניגוד לחמשת הספרים האחרים שלי שכבר ראו אור – להימנע מלהביא בטקסט עצמו את מקורות המידע.

כל המקורות, עליהם מתבסס הספר, יובאו בנפרד בהמשך.

להלן מספר עצות לקריאה כמה שיותר נוחה:

••••

1 .....חלק מהציטוטט לא הובא.

2 [הערת המחבר] הערות או ציטוטים שמובאים בין גרשיים או באות נטויה לא בהכרח מופיעים בטקסט המקורי.

3 ציטוטים שגויים כלשהם המובאים בהמשך הם באשמת המחבר בלבד שמראש מתנצל על כך בפני המחברים במקור.

4 דעות על אנשים, אירועים או התנהגויות הן אישיות של המחבר שלא בהכרח תואמות את המציאות.

5 אף על פי שידוע במשך ההסטוריה שה"פלסטינאים" נחשבו תמיד היהודים – כפי שמוכח בספר – מאחר ומתחילת שנות ה-60 התהפך השימוש המדוייק של המילה, גם כאן נעשה שימוש "מוטעה" של המילה, החל מהכותרת, כדי להקל על קריאת הספר.

הקדמה

ספק אם קיימת עוד סוגיה היסטורית שהצליחה להציב באותה חזית את דעת הקהל הבינלאומית – מעבר לשייכות פוליטית, דתית, אטנית, לאומית או חברתית – כפי שעשה זאת העימות הערבי-ישראלי.

אכן, תומכים בצד הפלסטינאי לפעמים בלי להכיר את הנושא: לפעמים בחוסר תום לב מוחלט. גם עבדכם הנאמן – אף על פי שלא הייתה לי דעה בנושא – על פי המידע שעמד לרשותי חשבתי תמיד שישראל אשמה בכך שלפחות בהתחלה גרמה לסכסוך בכך שכבשה שטחים שייכים לעם אחר.

לכן, נדהמתי לגלות בהפתעה גמורה – לאחר בירור מעמיק של כל מקורותיי – שלא כך הם פני הדברים אלא ההפך המוחלט. למשל, היסטורית עד שנות ה-60 היהודים הם אלה שנחשבו כ-*פלסטינאים* ושמעוררי השנאה, מבצעי מעשים אכזריים במיוחד, עושי הצרות האמיתיים החל מ- 1947 היו דווקא הערבים; שאמצעי התקשורת, הרשתות החברתיות, המדינות, האירגונים הבינלאומיים (גם לא ממשלתיים) הסתמכו על כמות דימיונית של שקרים, טעויות ומעשים זוועתיים: שישראל, לאור העובדות, להבדיל ממדינות ערב, זו אחת המדינות הכי חופשיות, דמוקרטיות, עם חופש דת ורב גזעית בעולם. הישראלים ננזפים לא רק על עצם קיומם אך גם על ש-"מעזים" להגן על עצמם מהתקפות צבאיות וטרוריסטיות. שה-לובי האמיתי היא זה הערבי, שזוכה למימון שוטף ממקורות בינלאומיים שנספר עליהם בפרוטרוט בהמשך. שיותר מ-75 שנה, הצד הפלסטינאי נוהל וזכה להגנה על ידי אישים ואידאולוגיה בעלי דפוס נאצי-פשיסטי וסיסמאות טיפוסיות, אפילו בחרמות נגד ישראל; שארה"ב ובריטניה ידעו על המתרחש בשואה במלחמת העולם השנייה אך העדיפו לא להתערב כדי לשמור על יחסיהם עם העמים הערבים בפלסטין.

היה חסר *מדריך* אינפורמטיבי – מבוסס על עומק המסמכים –שאינו קשור לאחד הצדדים בסכסוך ואין לו דעות קדומות.

זה לא אומר שהנטייה של הכותב היא בבירור לצד הדמוקרטיה (הישראלית): זאת, כתוצאה של הערכת האירועים ושקלול ההוכחות שיובאו בהמשך.

הכותב, שאיננו ישראלי ולא בן לדת היהודית, חושב שאיטליה (ואירופה) במקום לדגול במדיניות פרו פלסטינאית, היו רק נהנים מלקחת דוגמא מחברה פתוחה כמו זו הישראלית.

היחידה – אולי בלתי ניתנת להעתקה – במזרח התיכון.

פרק 1 – ללא היסטוריה

המצאת "פלסטין"

זהיר מוחסיין, חבר בוועד הפועל של אש"ף, בראיון לעיתון ההולנדי *Trouw* מ-31
למרץ 1977, הודה: *"העם הפלסטינאי לא קיים. הקמת מדינה פלסטינאית היא רק כלי
להמשך המאבק שלנו נגד מדינת ישראל ולמען האחדות הערבית שלנו".*

האם זו דעה בודדת בין הערבים? ממש לא: עזמי בשארה, ערבי ישראלי, ח"כ
לשעבר שנמלט מהארץ בשל ריגול לטובת *חיזבאללה*, במלחמת לבנון השנייה,
התבטא באותו אופן: *"העם הפלסטינאי לא קיים....".* ב-1937 נציג ערבי מקומי, עווני
ביי עבד אל-האדי, הקדים כבר את התפיסה הזאת לוועדת *Peel* שעסקה בחלוקת
פלסטין: *"אין דבר כזה! 'פלסטין' זהו מונח שהמציאו הציונים! אין פלסטין בכתבי
הקודש......".*

רציתי שה-*התחלה* של ספר זה תעניק את רשות הדיבור ישירות לאותם
"פלסטינאים" כדי להכחיש, ולפרק, את השקר הגדול הראשון; לא היו מעולם לא
שפה ולא תרבות פלסטינאיות; אלו "המצאות" בלבד כמו הירדנים, הסורים, הלבנונים
והעירקים –כולן ישויות לאומיות שנוצרו אחרי מלחמת העולם הראשונה.

בתקופת המנדט הבריטי (1918 – 1948) פלסטין הוגדרה רשמית כאזור של
בערך 26.320 קמ"ר כשגבולותיו בצפון הן הגבעות דרומית לנהר הליטני בלבנון;
במזרח נהר הירדן, ים המלח ועמק הערבה; במערב הים התיכון וחצי האי סיני ובדרום
מפרץ אילת.

חיוני עכשיו לנתח את מקור שם האזור: ארץ הקודש (Terrasanta) בלטינית
נקראת *Syria Palestina*, בעברית התנכית *פלשת* או *ארץ פלישתים*, בעברית
המודרנית *ארץ העברים*, "ארץ ישראל" או "מדינת ישראל"וגם "ארץ זבת, חלב ודבש"
ו-"ארץ מובטחת".*פלסטין* בערבית מקורה מהשם הלטיני מהשנה 135 לספירה,
ומתחברת לשם של עם ימי מהים האגאי שהתיישב על חוף כנען, והם הפלישתים. עם
הזמן השם הלטיני Filistea הפך ל- *Palistina*או *Palestine.*

למי שחולק על הבעלות היהודית של השטח מספיק להזכיר ש-12 השבטים של
ישראל הקימו המלוכה החוקתית הראשונה בסביבות השנה 1000 לפני הספירה. גם
אם תחת המלוכה "פלסטין" חולקה לשתי ממלכות, היהודים היוו הרוב במשך מעל
ל-400 שנים. לקראת סוף האלף השני לפני הספירה היהודים הגיעו ליהודה, שומרון
והגליל; חלק גדול מאלף השנים הבאות הם היו רוב האוכלוסיה ושלטו כמעט על
כל השטח.לעומת זאת, לאחר דיכוי שתי התמרדויות (מלחמת היהודים הראשונה
והשנייה), בשנים 66-73 ו-135-132 לאחר הספירה, הרומאים קראו *Palestina*ליהודה
ליהודה, *Iudaea.*על כל פנים היהודים ישבו במה שקראו פלסטין עד שנת 1948 –
לפעמים כמיעוט בגלל הסיבות הנ"ל – מאז הובאו לשם ע"י משה.

גם הארכיאולוגיה מאשרת שאחרי הכיבוש היהודי של 1271 לפני הספירה, נוכחות היהודים התקיימה במשך עוד 3.300 שנים. הוכחה ששם השטח עליו משתרעת היום מדינת ישראל וחלק מהשטחים היה יהודה אנו מוצאים במטבעות הנצחה של ניצחונות טיטוס ואספסיאנוס על היהודים בשנת 70 לספירה, בהם רשום "*Iudaea capta est* " (יהודה נכבשה). ברור מאוד. והמוסלמים? הערבים כובשים את פלסטין רק בשנת 637 לספירה ושולטים בה עד שנת 750 לספירה, סה"כ 113 שנים.יש לציין שעיר הבירה שנבחרה הייתה רמלה (ולא ירושלים). השליטה הערבית היחידה בת תקופתנו, לאחר כיבוש זה, נמשכה 22 שנים בלבד. במקום זאת היו כמה וכמה פלישות מצד הפרסים, הצ'ירקסים, הביזנטיים, הכורדים, הצלבנים, המונגולים, הממלוכים המצריים עד הטורקים שבנו את האימפריה העות'מנית. בתקופה זו, תחילת המאה העשרים, בנוסף ליהודים היו מגרבים, מצרים, דרוזים, ארמנים, יוונים, טורקים, בדואים, צ'צ'נים, צ'רקסים, אזרים, אלבנים, כורדים, בוסנים וונציאנים.

למוצא אתני "פלסטינאי" אין שום סימן. בין היתר, הדגל הפלסטינאי (המצאה מאפס) זהה לזה של ירדן (מדינה שכנה) עם ההבדל שיש בו כוכב אחד פחות.

ההיסטוריון הערבי-אמריקאי הידוע,הפרופסור מפרינסטון Philip Hitti, כבר ב-1946 טען: "*בהיסטוריה אין שום דבר כמו 'פלסטין', לחלוטין לא*".

אולי בספר הקוראן נמצא התייחסות? לא, מדברים על "ארץ קדושה" (*אל ארד המוקדסה*) אבל לא "פלסטין". עוד היום הרבה "פלסטינאים" נקראים אל *מסרי* (המצרי), מסרווה (מצרים), *אל-האורני* ופאיומי כעדות למקורם ממצרים. זה מה שאמר שר הפנים של *חמאס* פתחי חמד: "*כל תושבי עזה הם חצי מצריים וחצי סעודים*".

והמנהיגים "הפלסטינאים" איפה נולדו? דובר אש"ף, מחמוד עבאס (אבו מאזן), לא נולד בפלסטין, וגם לא יאסר ערפאת, *המנהיג הראשון של אש"ף, שנולד וגדל בקהיר*, כפי שנוכיח בהמשך, עד גיל הבגרות.

לעומת זאת ישראל לא נוצרה ב-1948 אלא שבשנה זו התגבש מצב שנוצר אלפיים שנה לפני הופעת האיסלם. הוכחה לכך שלפני 1967 אף אחד, פרטליהודים, לא הגדיר עצמו פלסטינאי. לחשוב שהיום, במגרש הפוליטי ושל התקשורת, יש מי שהפך את עורו בנושא.

להלן כמה דוגמאות: כותרות מתוך העיתון האיטלקי "*L'Unita*" (ביטאון המפלגה הקומוניסטית האיטלקית) מה-15 במאי 1948: "*צבאות ערב פולשים לפלסטין*", "*קצינים אנגלים שולטים בערבים*", וגם "*באו"ם הנציג האוקראיני מאשים את האימפריאליסטים*" ומתחתיה כותרת גדולה: *אנגליה אירגנה את הפלישה הערבית לפלסטין*"; ועוד באותו דף "*חימוש ופיקוד אנגלים לצבאות ערב*" ו-"*לקראת חורבן כללי של ירושלים*".

מקרה בודד? ממש לא: ב-14 לפברואר 1948 הכותרת הייתה: "*הערבים מתכוננים לפלישה לפלסטין*". אותו טון נשמר במקומונים של אותו עיתון, כמו זה ממחוז

פיימונטה עם התמונה של חג' אמין אל-חוסייני, *המופתי הגדול של ירושלים*תוך כדי ההצדעה הנאצית לעבר המתנדבים של ה-*Waffen SS* האיסלמיות בנובמבר 1943. מתחתיה הכיתוב הוא סמלי:

"ממטהו המופתי הגדול מכין יחד עם נציגי הליגה הערבית את הפלישה לפלסטין וטבח היהודים. מאחורי הקלעים של בן בריתו לשעבר של היטלר העקבות של ה-Intelligence Service."

לא חסרות קריקטורות: ב- *"L'Unita"* מ-22-בינואר 1947 הכיתוב "תל אביב" מעל דמות של שני חיילים בריטיים (אחד מהם עם הסרט MP) והכותרת *"איזה עקשנים היהודים, אין דרך להסביר להם שאנחנו פועלים למענם"*. מאחור נראים שלושה אזרחים (יהודים) מוטלים על הרצפה ללא רוח חיים.

אפילו האו"ם, בהחלטת החלוקה של 1947, מציין *"מדינה יהודית"* ו-*"מדינה ערבית"*, אף פעם לא *"פלסטינאית"*.

מצד שני, אם הדברים שונים ממה שכתבנו, איך זה שהעיתון של *הארגון הציוני* בארה"ב היה ה-*,New Palestine*חברת החשמל הישראלית היתה *Palestine Electric Company,*איך זה שהייתה הקרן היהודית *Palestine Foundation Fund*ובאמריקה ההימנון של הציונים הצעירים כלל "פלסטין, או פלסטין שלי"; ואיך זה שה-*Jerusalem-Post,* מ-11932-ועד 1948 נקרא1902-*בנק לאומי* מ עד 1948 *The Palestine Post,* היה– *הסוכנות היהודית Anglo-Palestine Company,*שתפקידה מ-1929 היה ליישב יהודים בארץ – שמה היה *הסוכנות היהודית לפלסטין, התזמורת הסימפונית הישראלית* מ-1936 נקראה *?Palestina Symphony Orchestra*

ישו-שליים

אחד *הפזמונים* "המושמעים" ביותר זה שירושלים הייתה ערבית או פלסטינאית. במדינת השכחה מפספסים שהיא לא הייתה אף פעם בירה של מדינה ערבית כלשהי, אפילו לא של ירדן כשהיא כבשה אותה. לעומת זאת, המלך דוד הכריז עליה כבירת ישראל לפני יותר מ-3000 שנים. יותר מכך, בירושלים לא ראו אפילו צל צילו של מוחמד.

ירושלים מוזכרת למעלה מ-700 פעמים בברית הישנה, בקוראן אף לא פעם אחת; היהודים מתפללים עם הפנים לכיוון ירושדים כשהמוסלמים מתפללים עם הגב מופנה לירושלים. מעניין למה.... בירושלים תמיד נמצאו המקומות הקדושים ביותר של היהדות, אם זה הכותל המערבי בעיר העתיקה,השריד האחרון שנותר, והר הבית; בנוסף, היהודים חיו שם ברצף קרוב לאלפיים שנה ומשנת 1840 מהווים הרוב במקום.

אם ב-15.04.1854)*Daily Tribune* מרקס מנה בירושלים 15.500 תושבים (מתוכם 4000 מוסלמים ו-8000 יהודים), בשנת 1876 חיו באופן רשמי עשרים וחמישה אלף תושבים (מתוכם שנים עשר אלף יהודים, שבעת אלפים וחמש מאות מוסלמים וחמשת אלפים וחמש מאות נוצרים). בשנת 1905 חיו בסה"כ שישים אלף איש מתוכם ארבעים אלף יהודים, שבעת אלפים מוסלמים ושלושה עשר אלף נוצרים; בשנת 1931 היו בסה"כ תשעים אלף (מעט מעל לחמישים אלף יהודים, עשרים אלף מוסלמים ומספר דומה של נוצרים). בשנת 1948, כשעמדה לקום מדינת היהודים, היו בסה"כ מאה שישים וחמישה אלף תושבים (מאה אלף יהודים, ארבעים אלף מוסלמים ועשרים וחמישה אלף נוצרים). המספרים לא משקרים, הם ברורים מאוד.

אף על פי כן, בחודש יולי 2000 *בפסגת קמפ דייוויד*, ערפאת – כשהוא מתאמץ להיות רציני – הכריז שבירושלים לא קיים הר הבית אלא רק מסגד אל-*אקסה*. אם כך, חובה לשאול אותו האם הזכרונות ההיסטוריים של יוספוס פלביוס ושל טקיטוס, התבליטים בשער טיטוס המציגים אסירים יהודים הסוחבים על כתפיהם ה-*מנורה*, היום הסמל הרשמי של מדינת ישראל, כולם שקרים? הארכיאולוג גבריאל ברקן נזף בו מייד והאשים אותו "*בהכחשה גרועה יותר מזו של הכחשת השואה.*"על כל פנים, אותו ערפאת אמור לדעת שמשנת 1924 ועד 1953, *המועצה המוסלמית העליונה* חילקה מדריך לאמצעי התקשורת (*מדריך קצר לאל חרם אל-שריף*) בו אישרו "*שזהות המסגד עם מיקום מקדש שלמה הוא מחוץ לכל ויכוח.*".

ואם כל זה לא מספיק, להלן מה שכתב פרשן הקוראן עבדללה איבן עומר אל-ביידווי:"*לא היה מסגד בעת בה מוחמד עלה השמיימה בירושלים.*"

ההיסטוריון אל-טבארי מזכיר שהכליף 'עומר', בזמן הכיבוש, הגיע למקום "*בו הרומאים קברו את בית המקדש של בני ישראל.*" אבל, לפחות אתם סומכים על המופתי

של ירושלים, חג' אמין אל-חוסייני, שהזוועות האנטישמיות נראה מאוחר יותר? ובכן, האיש לא התנגד כאשר ב-1936 פורסם מדריך של המסגדים ובו נאמר, לא פחות ולא יותר, ש-*חרם אל-שריף* נבנה ללא ספק במקום המקדש העתיק.

כשבחודש מאי 1948 ירדן כבשה את ירושלים המזרחית, תוך כדי חלוקה למעשה של העיר בפעם הראשונה וגירוש היהודים, מאז, למרות הסכם שביתת הנשק של 1949 בדגש על סעיף 8 על הגישה החופשית למקומות הקדושים ולמוסדות תרבות, נמנעה מהיהודים הגישה לכותל המערבי ולבית הקברות בהר הזיתים. המלך חוסיין פגע עוד יותר ברגש הדתי היהודי כשנבנתה דרך לכיוון מלון Intercontinental, דרך שהצתה את בית העלמין הר הזיתים ואבני המצבות לזכר רבנים חשובים; נעשה בהן שימוש על ידי חיל ההנדסה הירדני לריצוף ולבתי שימוש במחנות הצבא. עד היום ניתן להבחין בכיתוב העברי על האבנים. ואם זה לה מספיק, הירדנים החריבו את הרובע היהודי העתיק, העיר העתיקה והרבה בתי כנסת. בניגוד לכך, ישראל אחרי הניצחון במלחמת ששת הימים ב-1967, העביר חוק על חופש פולחן מוחלט לכל הדתות:

"כל מי שיבצע משהו דומה להגבלת חופש הגישה לבני הדתות השונות למקומות הקדושים להם דינו מאסר עד לחמש שנים".

הוכחה לכך היא הביקור של הנשיא אנוואר סאדת שזכה להתפלל בחופשיות במסגד אל-*אקצה*. ישראל גם איפשרה לנציגות של כל דת לנהל בעצמה את המקומות הקדושים לה; לדוגמא ה- *וקף*, הגוף הממונה בכל העולם הערבי על המורשת התרבותית המוסלמית, הוא שמנהל את המסגדים שעל הר הבית.

זה לא אומר שישראל אינה פעילה בשטח על מנת לסכל סכנות לשלמות המקומות: נזכיר שבשנת 1990, *הנאמנים של הר הבית*, קבוצה קיצונית יהודית, התכוונו לצעוד על הר הבית לרגל *חג הסוכות*, כדי להניח את אבן הפינה לבניית בית המקדש השלישי.

הממשלה הישראלית, בתמיכה של בית המשפט העליון, סירבה לאשר את התהלוכה שעלולה הייתה לפגוע ברגש של הערבים.

כשישראל, בעקבות עוד מלחמה להגנתה, השיגה את השליטה על כל ירושלים, איפשרה לתושבים הערבים לבחור אם להפוך לאזרחים ישראליים או להישאר ירדנים, תוך כדי שמירה על זכות ההצבעה בבחירות.

הפרדוקס הוא שלהרבה ערבים אין שום כוונה להפוך פלסטינאים. איסמעיל חאלדי, בדואי המשרת במשרד החוץ הישראלי אמר:

"אני ישראלי גאה וכמו מיעוטים שונים במדינה אנו חיים באחת המדינות הבין-גזעיות בעולם ובדמוקרטיה היחידה במזרח התיכון".

בחודש דצמבר 2021 האתר הפלסטינאי Shfa News פירסם סקר דעת קהל סימלי שכלל 1200 פלסטינאים מירושלים בעלי תעודת זהות ישראלית: 93% ענו שברצונם

להמשיך לחיות בישראל ושמעדיפים שירושלים תמשיך להיות תחת שלטון המדינה היהודית. העיתונאי הערבי-ישראלי יוסף חדאד, בן למשפחה נוצרית מחיפה וידוע על עמדותיו נגד *חמאס*, פרסם מייד את הידיעה בחשבונותיו ברשתות החברתיות, תוך כדי הערה צינית: *"לא יאומן עד כמה אנשים מעדיפים לחיות תחת משטר של אפרטהייד"*.

דברים ברוח דומה נאמרו בטלוויזיה על ידי הפעילה הערביה-ישראלית, בת לדת המוסלמית, דימה תאיה למנחה הפלסטינאי: *"לא!! ישראל זו לא מדינת אפרטהייד וכל מי שחושב כך עליו להתבייש. אתה חי במדינה הזאת ונהנה מכל הזכויות המוקנות על ידי האזרחות הישראלית"*.

ב-2007 בוועידת אנאפוליס עלה הרעיון של חלוקת העיר; ובכן, ביחס ל-12.000 – מתוך 250.000 –פלסטינאים שמ-1967 ביקשו את האזרחות הישראלית, פתאום עלה המספר במשך 4 חודשים שקדמו לוועידה, בעוד 3.000 בקשות חדשות למשרד הפנים הישראלי. זאת כנראה מתוך חשש שההצעה תתקבל ויצטרכו לעבור לחיות תחת שלטון פלסטינאי.

וכשדובר על תיקון אפשרי של הגבולות כך שחלק גדול מהתושבים הערבים הישראלים היו "עוברים" למדינה הפלסטינאית, חלק גדול מהתושבים האלו, במיוחד מאום אל-פחם שהיא העיר המוסלמית הגדולה ביותר בישראל, פנו עד לראש הממשלה אולמרט על מנת לשמור על הזכויות האזרחיות, הפוליטיות, זכויות אדם ורמת החיים שממנה היו יכולים להמשיך ולהנות במזרח התיכון רק תחת שלטון ישראל.

שייך חשאם עבד אלרחמן, ראש עיר אום אל-פחם וראש הפורום וואדי ערה המאגד ראשי ערים ערבים ויהודים, הצהיר: *"ברצוננו להישאר חלק ממדינת ישראל"*.
שיקום מי שעדיין מאמין שהערבים נרדפים על ידי יהודים......

••••

"גניבת" (בתשלום) הקרקעות
מי לא זוכר את הדמות המפורסמת של הקומיקאי האיטלקי הידוע Nino Frassica שהמציא משחק נושא פרסים כשגולת הכותרת הייתה מערכת סטריאו....."בתשלום?"ובכן, נראה משהו דומה מציאותי ופרדוקסלי גם בנושא שאנו דנים בו. נתחיל מהתקופה בה היהודים החלו בחידוש הגדול של הממשלה הלבוריסטית בהקמת *הקיבוצים*, קהילות חקלאיות עם שיוויון מוחלט בין החברים. זה היה יישום התוכנית של תיאודור הרצל על *המושבות השיתופיות* שאיפשרו למספר גדול של פליטים יהודים להפוך מסוחרים או בעלי מקצוע חופשיים לחקלאים ממש.

השיטה זכתה לשבחים גם מהשמאל האיטלקי, מברית המועצות והגוש הסובייטי כולו. העיתון 'L'Unita שיבח כך:

"האפנדים, התומכים העקשנים של זכויות בעלי הקרקע הערבים, יזכירו לכם שבין 1922 ו-1944 מספר היהודים גדל מ-84.000 ל-554.000, אך לא יזכירו שמספר המוסלמים באותה תקופה גדל מ-589.000 ל-1.061.000 הודות לצמצום בתמותה, במיוחד של ילדים, ובמקביל הגדלת השטחים החקלאיים, ייבוש הביצות והקמת מרכזים תעשייתיים איפשרו לפלסטין לקלוט ערבים ממדינות שכנות. לפלאח ששולח את ילדיו לבית ספר ושבפעם ראשונה אחרי שנים של דוחק ועוני יש לו כסף משלו אלה חידושים מסוכנים עבור שליטה מימי הביניים".

ממש ציון לשבח.....מאוחר יותר, ב-1951, נותקו היחסים בין מוסקבה לתל אביב וכך גם עם שתי המפלגות הראשיות של השמאל האיטלקי. איש לא יוכל להכחיש שהיהודים חידשו את הגליל לפאר המקראי שלו.

היישוב, הקהילה היהודית בארץ ישראל, הקים ערים (תל אביב ב-1909) וייסד אוניברסאות (ב-1924 *הטכניון* בחיפה וב-1925 האוניברסיטה בירושלים).

אך ניגע במוקד כלומר השקר הנצחי לפיו, בתקופה שבין שתי מלחמות העולם, היהודים "גנבו" קרקעות מהערבים. לאן נגיע יכולנו לכתוב......האמת היא שקנו אותם באמצעות הקמת *קרן היסוד* ב-1920, זו קרן לאומית לבניית ישראל שעיסוקה היה איסוף כספים לרכישת קרקעות במנדט של פלסטין. *היישוב* קנה קרוב ל-533.000 *דונם* ובשנות השלושים עוד 300.000, בהתחלה שטחים גדולים ומאוחר יותר עם שטחים קטנים יותר, לרוב לא מיושבים וללא גידולים חקלאיים, שנמכרו ליהודים על ידי *האפנדים* שכלל לא חיו במקום. אף אחד לא גנב מאומה, ההפך הוא הנכון, כי שולמו מחירים הרבה מעבר למחיר השוק וב-1944 המחיר כבר היה גבוה פי 50 ביחס לזה של שנת 1910! מספיק לחשוב שהיהודים רכשו קרקע מהבעלים הערבים במחיר מופקע (בין 1.000 ל-1.500 דולר לאקר (קרוב ל-4 דונם) כאשר באותה תקופה האדמה העשירה של IOWA בארה"ב נמכרה ב-110 דולר לאקר.

השגריר הגרמני בירושלים, Heinrich Wolff, גילה אמת חשובה: *"ביום (בעלי הקרקעות הערבים) מוחים נגד ההגירה היהודית ובלילה מוכרים קרקעות ליהודים".* דמעות תנין טיפוסיות.

אלי ברנביא מאשר איך אישים עשירים וגם *פלאחים* קטנים מכרו במחירים גבוהים מאוד קרקעות שלהם לגופים ציוניים מבלי לתת משקל יתר לשאלת *השייכות המדומה.*

ועדת Simpson קבעה בשנת 1930 שהיהודים שילמו מחירים גבוהים מאוד עבור הקרקע ולעיתים שילמו גם למי שישב על אותה הקרקע מבלי שהיא שייכת לו, סכומים גדולים שלא היו חייבים לשלם".

אבל הפרדוקס הגדול הוא שדווקא מי שנחשב לגורם ל"נכבה" הפלסטינאית הוא זה שבעצם סייע לגידול של מספר הערבים במקום (מהגרים ממדינות שכנות) בגלל תנאי החיים הטובים שהיהודים הביאו למקום.

"ההגירה הערבית – כך קבע בשנות ה-30 המושל הבריטי של סיני *–נמשכת לא רק ממצרים, אלא גם מעבר לירדן ומסוריה, וקשה לטעון שהערבים בפלסטין מגורשים אם במקביל ממשיכים להגיע אחרים"*. הגידול היה מעל ל-20 פרומיל ובמיוחד בין השנים 1922 ו-1944 מספר הערבים הוכפל. בנוסף, נרשמה ירידה דראסטית בתמותה, במיוחד של ילדים (שבין השנים 1925 ו-1945 ירדה פלאים מ-201 ל-94 פרומיל). ב-1937 ציינה ועדת PEEL : *"מחסור הקרקעות לא נובע מהרכישה של הצד היהודי אלא מגידול באוכלוסיה הערבית"*.

שזה ההפך הגמור ממה שטוענים השקרנים האנטי ישראליים. וכדי להשתיק את נביאי הזעם הפרופלסטינאים, גידול האוכלוסיה הערבית התרכז דווקא בישובים עם נוכחות יהודית גבוהה; לשם המחשה, בין השנים 1922 ו-1947, בחיפה וירושלים, ערים מעורבות של יהודים וערבים, מספר היהודים גדל ב-131% ושל הערבים ב-290%. לעומת זאת, בערים ערביות כגון שכם וג'נין מספר הערבים גדל הרבה פחות, בשכם ב-42% וג'נין ב-37%.

"ניסיון" שואה ש......משיג את התוצאה ההפוכה. אין מה להוסיף.

ישראל מנצחת, לבדה נגד כולם

איך הגענו להקמת מנידת ישראל? בקונגרס הציוני השישי בבזל, ב-26 לאוגוסט 1903, הרצל הציג חלופות שונות למקום מבטחים ליהודים הנמלטים מרוסיה: אוגנדה, אזור על חוף חצי האי סיני השייך היום למצרים, מחוז בארגנטינה ולבסוף אזור בצפון מזרח אוסטרליה. בסוף נבחרה אופציה המוכרת היום לכולנו. הבעיה היתה שגם אחרי *השואה* אף מדינה לא היתה מוכנה לקלוט חצי מיליון יהודים (שהוגדרו *displacedpersons*) כפי שכונו בזלזול ע"י הבורוקרטיה של מדינות הברית. פלסטין, למרות בריטניה וה-*ספר הלבן שלה* שהיה בתוקף גם בסיום מלחמת העולם השנייה, לא היוותה בחירה אלא התקווה היחידה. כך קרה שאחרי השואה קרוב ל-200.000 שורדים מצאו מקלט בטוח במדינה היהודית, שקמה, כפי שנראה, הודות להצבעה של שני שליש מהאומות המאוחדות ב-1947; תוך זמן קצר מצאו בה מקלט 800.000 יהודים שגורשו או נמלטו מהרדיפות במדינות ערב.

שקר נוסף הוא הטענה שמדינת ישראל היתה "פיצוי" ליהודים אחרי אירועי השואה; בחודש מאי 1947, הנציג הסובייטי באו"ם Andrei Gromyko , הגן בנחישות את אותה בחירה:

"עצם העובדה שאף מדינה באירופה המערבית היתה מסוגלת להבטיח את הגנת הזכויות הבסיסיות של העם היהודי ולהגן עליו מפני האלימות של הרוצחים הפשיסטים

*מסבירה את השאיפות של היהודים להקים מדינה משלהם. יהיה בלתי מוצדק לא
להתחשב בכך ולשלול הזכות של העם היהודי לממש את השאיפה הזאת".*

להלן מה שכתב הסופר (ומאוחר יותר גם במאי) האיטלקי Pier Paolo Pasolini
ברבעון נושאים חדשים מספר 6 של חודשים אפריל-יוני 1967:

*"....ישראל זו מדינה שהוקמה בחטא? תראו לי מדינה, היום חופשייה וריבונית,
שלא נולדה בחטא? ומי מאיתנו יוכל להבטיח ליהודים שבמערב לא יהיה יותר אף
היטלר? או שהיהודים יוכלו להמשיך לחיות בשלום במדינות ערב?..... ואיזו תועלת
נותנים לעולם הערבי אם נתעלם מרצונו להשמיד ישראל?".......הסופר גם תקף את
הערבים על "חוסר האחריות בשל הלאומיות הפנאטית".*

נציג של בית הלורדים שאל, מתוך בורות גסה, את *חיים ויצמן: "למה אתם
מתעקשים על פלסטין המנדטורית כשיש כל כך הרבה מדינות לא מפותחות שאפשר
להגר אליהן".* תשובתו הייתה מהירה וחדה: *"למה אתה נוסע לבקר את אימך במרחק
עשרים מייל ממך כשיש כל כך הרבה נשים מבוגרות מתחת לביתך שאפשר לבקר?"*

מצד שני חוזר על עצמו הסיפור לפיו הבריטים,בהתכתבות בין חוסיין
ל-MacMahon, הבטיחו לערביםעצמאות בפלסטין. אכן, בזמן מלחמת העולם
הראשונה, חוסיין איבן עלי, אחד המנהיגים הרוחניים האיסלמיים מיולי 1915,
התכתב עם Sir Henry MacMahon, נציב עליון במצרים, כדי לדון אילו אזורים
יימסרו לערבים בתמורה לתמיכה שלהם במלחמה נגד הטורקים. ובכן, בהתכתבות
זו, בניגוד למה שנטען היום, לא הוזכרה אף פעם המילה פלסטין, לכן לא מובן איזו
הבטחה הופרה ע"י הבריטים.

הנכון הוא שאחרי תבוסת האימפריה העות'מאנית במלחמת העולם הראשונה,
הצרפתים והבריטים חילקו את השטח לפי אזורי השפעה. בתור הנאמנים הנוכחיים
של האימפריה העות'מאנית לשעבר נתנו במתנה שטחים מבלי להתחשב בגבולות או
באוכלוסיה שישבה שם. למי? נגלה מייד: ב-1922 המציאו ממש את אמירות עבר
הירדן, שהפכה לירדן (כל אזור פלסטין שממזרח לנהר הירדן) וניתן כמתנה לאמיר
עבדוללא. ועירק? נמסרה ב-1926לידיו של האמיר פייסל בין חוסיין, בנו של שריף
מכה.

למעשה, בכך בריטניה גנבה (ממש) קרוב ל-80% מהמנדט של פלסטין שבאותו
זמן היה שייך ליהודים.

ועוד מאשימים את ישראל שקיבלה *במתנה* את מדינתה!

כפי שנראה, על החלטה לא שפויה זו, האו"ם יכול היה אחר כך לחלק את שארית
ה-20% של פלסטין לשתי מדינות. יש לקחת בחשבון גם שכאשר הירדנים סיפחו גם
את הגדה המערבית ב-1950, בסופו של דבר לערבים היו 80% משטח המנדט ולמדינת
ישראל רק 17,5%.

ננתח עכשיו, צעד צעד, את השתלשלות האירועים החל מ-"הצהרת בלפור" המפורסמת בה Arthur James Balfour , מזכיר המדינה לענייני חוץ, ב-2 לנובמבר 1917 חתם בשם כל חברי הממשלה על אותה הצהרה מפורסמת שנשלחה ללורד רוטשילד ולפדרציה הציונית, *"הרואה בעין יפה את השאיפות הציוניות היהודיות"* תוך התחייבות *"להקמת בית לאומי בפלסטין לעם היהודי"*, מבלי לפגוע כמובן בזכויות האוכלוסיה במקום (וזו העתידה לבוא). לפי ועדת Peel שמונתה ע"י הממשלה הבריטית, *"הכוונה הייתה, בעת הצהרת בלפור, שהשטח בו היה אמור להתיישב הבית הלאומי היהודי היה כל פלסטין ההיסטורית, כולל עבר הירדן"*.

עקב כך מה שקרוי "מנדט בשביל פלסטין" שהוקם ע"י ליגת האומות, אישר את זכות היהודים להתיישב בשטח של 10.000 מ"ר בין נהר הירדן לים התיכון בפלסטין המערבית. זה אושר ב-24 באפריל 1920 בועידת סן רמו, פורט בהסכם Sevres ולבסוף אושרר פה אחד ב-24 ביולי 1922 במועצת איחור האומות ע"י יותר מ-50 מדינות. הדגש היה על *"הקשרים ההיסטוריים של העם היהודי עם פלסטין"* והשאיפה היתה *"בניה מחדש של הבית הלאומי היהודי באזור ההוא"*; כולם התבקשו להקל על ההגירה והקמת ישובים יהודיים. גם פה אין זכר למילה ערבי. אין לבלבל בין מנדט זה למנדט הבריטי, שבאמצעותו ניתנה האחריות לינהול השטח המוגבל של "המנדט לפלסטין" לממלכה המאוחדת.

מאוחר יותר, ב-18 בפריל 1946, חבר העמים הוחלף ע"י האומות המאוחדות ובריטניה החליטה להעביר את אחריותה על השטח לאומות המאוחדות (14 במאי 1948).

בחודש מאי 1947 הוקם המכון Unscop, United Nations Special Committee on Palestine, מורכב מאחד עשר חברים שתפקידם להבטיח איזון מוחלט בהחלטות בביקור במקום והערכת תוכניות פעולה.קנדה, צ'כיה, גואטמלה, הולנד, פרו, שוודיה ואורוגאי היו בעד ההחלטה שאומצה ע"י הווועדה *ad hoc* של האסיפה הכללית של האו"ם. לעומת זאת, שלוש מדינות – הודו, אירן ויוגוסלביה – היו בעד מדינה אחת עם חלוקה למחוזות ערבים ויהודים; אוסטרליה נמנעה.

ב-29 בנובמבר 1947 האסיפה הכללית של האו"ם, עם ההחלטה 181, החליטה על פי רוב של 33 בעד ו-13 נגד, 10 נמנעים. לגוש הסוביטי היה משקל מכריע; למי שעדיין טוען על התמיכה הבריטית בישראל יש לדעת שהממלכה המאוחדת נמנעה.

ההחלטה ידועה היטב: תוכנית החלוקה נקבעה באופן מטורף, מאחר וגם בערים יהודיות היו הרבה ערבים שכפי שכתבנו מוקדם יותר עברו אליהן בגלל רמת החיים הגבוהה. ליהודים נמסרו השטחים של הגליל בצפון והשטח הרחב אך מדברי של הנגב בדרום. למדינה הערבית נמסר כל יתר השטח, הרצועה מרפיח לעזה, הגליל העליון וחלק גדול מלב הארץ‏כולל הערים שכם, חברון ובאר שבע. על ירושלים הוחלט שתנוהל כאזור בינלאומי גם בגלל הלחץ – איך לא – של הוותיקן, החלטה שגרמה

לנזק חמור עבור יותר מ-100.000 יהודים שחיו בעיר, בסכנה מתמדת כי מוקפים על ידי המדינה הערבית.

מתוך ניתוח של ההשלכות של ההחלטה 181 אנו מגלים להפתעתנו שלמדינה היהודית יש אוכלוסיה של 500.000 יהודים ומספר קרוב לזה של ערבים; לעומת זאת, המדינה הערבית זכתה לרוב מוחלט של קרוב ל-750.000 ערבים כנגד 10.000 יהודים. כתוצאה מכך הרוב של סה"כ האוכלוסיה של פלסטין היה לאין ערוך ערבי. נוסיף לכך ש-*הספר הלבן* מנע מהיהודים להפוך לרוב מאחר ונמנעה מהם זכות ההגירה.

אחת הטענות שחוזרת על עצמה ללא הרף היא שהאו"ם מסר ליהודים כל השטח של אדמה פוריה; ובכן, למי שזקוק לרייענון בגאוגרפיה וגאולוגיה נזכיר שלא פחות מ-60% משטח המדינה היהודית היו מדבר הנגב הצחיח. אם נביט היום על מפת ישראל היא תיראה כמו בול דואר לעומת מדינות ערב הענקיות. היא מהווה רק 2% מהמזרח התיכון, חלקת אדמה – שוב, מעל מחציתה מדברית – שהיא 60% מתוך ה-22%, כלומר 13% בלבד מהשטח שהובטח ב-1917 בהצהרת בלפור, התחייבות שחזרו עליה באיחוד האומות בוועידת סן רמו, שאושרה שוב ושוב עד לכניסתה לתוקף בחודש ספטמבר 1923.

זה נשמע לא מספיק כדי להפוך את ישראל ל-"אימפריאליסטית", נכון?

• • • •

דוד הישראלי נגד גוליית הערבי

מזה עשרות שנים מספרים לנו אותם מתפרצים לדלתות פתוחות שהשנאה נגד ישראל נובעת מחלוקת האו"ם שלטענתם "גנבה" שטחים מהערבים: אם כך, נלך לבדוק כהרגלנו את העובדות. *(fact checking)*

קרוב ל-200 שנה מוקדם יותר, בין השנים 1770 ו-1786, גורשו היהודים מג'ידה שבסעודיה ומצאו מקלט בתימן; יהודי טטואן שבצפון מרוקו נפגעו קשות ב-1790 *מפרוגרום*; תופעות דומות התרחשו בבגדאד ב-1828, בצפת ב-1834, במשהד שבאירן ב-1839 ובדמשק ב-1840. יש לציין במיוחד שבשנות השלושים, בין 1929 ו-1935, התרחשו מעשי טבח ביהודים בנאבי מוסה ובחברון לפי דרישת *המופתי הגדול של ירושלים.*האחים המוסלמים פתחו בג'יהאד מוחלט כנגד היהודים עד שאלה קיבלו על עצמם את המעמד המשפיל של *ד'ימי* (תושב נחות).לאור כל זה הרדיפות נגד היהודים קודמות ובהרבה את תוכנית החלוקה של האו"ם.

האמת היא שלתוכנית החלוקה צבאות מצרים, סוריה, עירק, ירדן ולבנון הגיבו בהצהרת מלחמה חד צדדית ב-14 למאי 1948; אז אם היום לא קיימת מדינה פלסטינאית זו אשמת כל מי שהתנגד לה ופתח במלחמה.

הרי, ג'אמל חוסייני איים בכך במועצת הביטחון של האו"ם כבר ב-16 לאפריל 1948:

"נציגי הסוכנות היהודית הודיעו לנו אתמול שהם אינם התוקפים, שהערבים הם אלה שהתחילו את הקרבות. איננו מכחישים זאת. הודענו קבל עם ועדה שאנחנו מוכנים להילחם".

המשיך בכך עזאם פאשה, המזכיר הכללי של הליגה הערבית, שאיים: *"זאת תהיה מלחמת חורמה של השמדה וטבח קולוסאלי שיוזכר כמו שזוכרים במעשי הטבח של המונגולים ושל מסעות הצלב".*

הנציג הסובייטי במועצת הביטחון של האו"ם, אנדריי גרומיקו, מחה ב-29 למאי 1948:

"אין זו הפעם הראשונה שמדינות ערב, שארגנו את הפלישה לפלסטין, מתעלמות מההחלטות של מועצת הביטחון או של האסיפה הכללית של האו"ם".

כשהותקפה, ישראל הייתה כמו דוד נגד גוליית: בירושלים היה רק תותח אחד ממונע, תתי מקלע ישנים, רימונים ובקבוקי מולוטוב כאשר מצד שני לערבים היו כבר טנקים ותותחי ארטילריה; מטוס הקרב הראשון הגיע לישראל שבועיים אחרי פרוץ המלחמה. היו כמה מכוניות משוריינות שבעצם היו מכוניות פרטיות שהוסבו לכלי מלחמה עם מעט מאוד חימוש. לחיל האוויר היו סה"כ 9 מטוסים ישנים; עתודות התחמושת היו מצומצמות ביותר. בעצם, ליישוב *היהודי* לא היה ממש צבא: פעלו בנפרד *ההגנה* (35.000 לוחמים) *והארגון* (קרוב ל-3.000 לוחמים), *הלח"*י (קרוב ל-400), *הפלמ"ח, הגדנ"ע* ומה שנקרא אז "צבא חיל המצב" בו לקחו חלק אזרחים, גברים מבוגרים ונשים שתפקידם היה להגן כל אחד על האזור שלו; תפקיד הנשים היה להקים רעש חזק מאוד תוך כדי שימוש בכלים ממתכת כמו סירים עליהם היו דופקות בחוזקה כדי להפחיד את הערבים.

לכן, הניצחון היווה ממש נס בהתחשב בחוסר האיזון שבין הכוחות והחימוש שבין הצדדים; בנוסף לעובדה שהשטחים הערבים היו פי 80 גדולים יותר ופי 20 מיושבים יותר מישראל. נקודה חשובה היא, שבניגוד לישראלים, לתושב הממוצע של היישוב הערבי לא היה כל עניין במה שנקרא "עצמאות" המדינה מאחר ובאופן מאוד אנוכי חשבו יותר על הגרעין המשפחתי, זאת מבלי לקחת בחשבון את היריבויות שהיו קיימות אז בין הכפרים השונים, החמולות ומחוזות (הכי בולטת זו שבין בני חוסייני לנשישיבים).

זאת עוד לפני שניקח בחשבון את אלה שצידדו דווקא בצד היהודים אם בתור איש מודיעין או לוחם ממש; זו הסיבה בעצם למספר הכל כך נמוך של מתנדבים ערבים (קרוב ל-5.000).

במלון *Hotel des Roses,* שבאי היווני רודוס, הושגו ב-20 ליולי 1949 הסכמי הפסקת אש שבהם לא נכללו, בניגוד למה שרגילים לחשוב, קווי גבול לפי החוק הבינלאומי; זה בעצם מה שמכירים גם היום כ-.(*הקו הירוק*) *Green Line* הוקמו גם ארבע ועדות מעורבות להפסקת האש (*Mixed Armistice* *Commissions*, או בקיצור MAC) תחת פיקוח של האו"ם.

ישראל קיימה הסכמי הפסקת אש נפרדים (ב-24 לפברואר עם מצרים, ב-23 למרץ עם לבנון, ב-3 לאפריל עם עבר הירדן וב-20 ליולי עם סוריה).

על רצועת עזה השתלטה מצרים ועל הגדה המערבית השתלטה עבר הירדן, בכח, ללא הסכם.

באשמה ערבית בלבד – שהכריזו מלחמה – ישראל השיגה בסוף 78% מהשטח של פלסטין המנדטורית, כלומר 50% מעל למה שהיה בתוכנית החלוקה של האו"ם.

• • • •

1956: הערבים מנסים שוב את מזלם

לא מרוצים מהתבוסה הראשונה – לה הערבים גרמו עם המלחמה הראשונה נגד ישראל – בשנת 1956 הערבים שוב חוזרים לתקוף. בנתיים ברית המועצות עברה צד מאחר ובשנת 1953 התפוצץ מה שקרוי "הקונספירציה של הרופאים" - כמעט כולם יהודים - מואשמים בכך שרצו להרוג את סטאלין; המצאה פתטית שתעמוד כתרוץ כדי לתמוך במדינות ערב כמו סוריה ומצרים נגד ישראל.

המצרים "ניצלו" בהתחלה את הסירוב של הבנק האמריקאי *World Bank* להענקת הלוואה למימון בניית הסכר של אסואן; כתוצאה מכן נאצר, בחודש יולי 1956, הודיע על הלאמת החברה הבינלאומית של תעלת סואץ כדי לממן את הפרויקט של הסכר באסואן.

ב-9 לאוגוסט 1949 הוועדה המעורבת להפסקת אש, בעקבות תלונה של ישראל, הצהירה שחסימת תעלת סואץ הייתה לא חוקית; ב-1 לספטמבר 1951 מועצת הביטחון של האו"ם הורתה, לשווא, למצרים לאשר מעבר אוניות ישראליות בתעלת סואץ. על מנת להבין על מי חלה האחריות לתחילת המלחמה החדשה, שר החוץ המצרי, מוחמד סלח אל-דין, הצהיר, ללא *כחל ושרק,* בתחילת שנה 1954:

"האומה הערבית אין לה שום חשש להכריז: 'נהיה מרוצים רק עם השלמת מחיקתה *של ישראל ממפת המזרח התיכון'".*

זו הסיבה בגינה ב-1955, נשיא מצרים נאצר דרש מהסובייטים נשק הנחוץ כדי לפתוח במלחמה. ב-31 לאוגוסט 1955 הצהיר כך: *"...לא יהיה שלום על הגבול עם* *ישראל .... הנקמה היא מות ישראל".*

כך בעצם החלה פעילות הטרור הערבי עם *הפדאיון* שעל גבול ישראל ביצעו חבלות ורציחות תוך הפרה ברורה של הסכמי הפסקת האש שאסרו על יוזמות צבאיות.

אחרי חסימת תעלת סואץ הוכרזה חסימת מיצרי טיראן ומפרץ עקבה והכרזה רשמית הלאמת תעלת סואץ בחודש יולי 1956.

ב-14 לאוקטובר 1956 נאצר נתן ביטוי נוסף המעיד על מי עוד פעם אחת רצה במלחמה: *"השנאה שלנו גדולה מאוד. אין טעם לדבר על שלום עם ישראל. אין ממש מקום למשא ומתן".*

בהמשך ישיר להתבטאויות הנ"ל, ב-25 לאוקטובר מצרים הגיעה להסכם עם סוריה וירדן להאציל על נאצר את הכנתהתקיפה המשולבת של שלושת הצבאות.

מה אמורה הייתה לעשות אומה שמתגרים בה ללא הפסק? להגן על עצמה, וכך בדיוק נהגה ישראל ב-29 לאוקטובר 1956, בסיוע של בריטניה וצרפת.

כמו בסרט שכבר ראינו (ושכמוהו נראה שוב) מי שרצה במלחמה, עם איומים והתגרויות במשך שנים, הפסיד עוד שטחים, כלומר את רצועת עזה, חלק גדול של חצי האי סיני ושרם אל-שיך.

האם ישראל אשמה?

• • • •

שישה ימים של תוקפנות חדשה

האם מה שקרויה *מלחמת ששת הימים* הייתה מה שישראל רצתה? לא, גם במקרה זה הערבים הם אלה שגרמו לתחילת פעולות האיבה, כנראה הודות להסתה סובייטית. לפי מה שהצצהיר יומיים קודם משה דיין, שר הביטחון הנכנס, היה זה קצין של הביון הסובייטי בקהיר שהזהיר שהזהיר מפני תגבור כוחות ישראלים מאסיבי לאורך הגבול הצפוני כדי לתקוף את סוריה.

לפי מקורות אחרים זה היה ב-13 למאי 1967 שהנשיא הסובייטי ניקולאי פודגורניי הודיע על כך לעוזרו של נאצר, אנואר סאדאת, *שישה בביקור במוסקבה.* דומה שהוא נקט במספר *"בין 11 ל-13 בריגאדות"* ושצה"ל קבע מועד התקיפה *"ב-17 למאי".* זו הסיבה שבאותו יום שר ההגנה הסורי, חאפז אל-אסד, נלחץ וביקש עזרה מעמיתו המצרי, עבדל חכים עמיר; הרמטכ"ל המצרי מוחמד פאוזי המריא כתוצאה מכך לדמשק. בהמשך הוא יודה:

"לא מצאתי שום ביסוס לידיעות שקיבלנו. ההפך הוא הנכון, צילומי האוויר של המטוסים הסוריים לא דיווחו על שום תזוזה של הכוחות (הישראליים, הערת המחבר) מהפריסה הרגילה".

לפי זיכרונותיו של פאוזי, עמיר לא ענה לו כאשר ב-15 למאי פאוזי סיפר לו
שלא הייתה סיבה לדאגה.

"לכן, השתכנעתי שמבחינתו השמועות על תגבור הכוחות הישראליים לא היה
הסיבה העיקרית לגיוס והעברת הגדודים שביקש כל כך דחוף".

למעשה, כפי שהודה קצין המטה הכללי המצרי, הגנרל עבד אל-ע'ני אל-גמאסי,
זה היה עמיר (כנראה תחת לחץ של נאצר) שרצה רק לנקום על התבוסה של 1956.
להוכחת הכוונות הטובות של ישראל, באמצע מאי 1967, לוי אשכול ביקש מהשגריר
הסובייטי בתל אביב, דמיטרי צ'ובאחין *(הספר "קורבנות" נושא את השם לאוניד*
צ'ובאקין אך עלינו לתקן זאת), לבדוק אישית שהחשדות הם שקר אך צ'ובאחין –
באופן מוזר – סירב וענה בגסות לסנה: *"מי ילך להילחם? עובדי בתי הקפה והסרסורים*
של רחוב דיזנגוף?".

ב-14 למאי גם המזכיר הכללי של האו"ם, או תאנט מבורמה, הודיע למועצת
הביטחון בניו יורק שהמשקיפים באזור הכחישו כל תגבור כוחות מכל סוג שהוא. יום
למחרת, האחראי מצד האו"ם לפיקוח על הפסקת האש, הגנרל הנורבגי Odd Bull
התבטא באופן דומה.

ב-16 למאי 1967 רדיו קהיר המשיך והתגרה:

"ישראל קיימת כבר יותר מדי זמן. הגיעה השעה של הקרב בו אנחנו נשמיד את
ישראל"; בנוסף הועברה בקשה לכוחות האו"ם בעזה ושרם אל-שיח' לסגת ממקומם.
ב-19 למאי – למרבה הצער – חיילי האו"ם פינו את עמדותיהם ובאותו יום רדיו קהיר
הכריז: *"זו ההזדמנות שלנו, הערבים, להנחית על ישראל מכת מוות להשמדתה....".*

ב-23 למאי – כפי שקרה כבר בעבר – הנשיא המצרי גמל עבד אל נאצר הכריז
על חסימת מפרץ טיראן בפני האוניות הישראליות כדי להזיק ליחסי המסחר הפורחים
של ישראל עם המזרח הרחוק ומזרח אפריקה; ישראל כמובן הכריזה שלפי החוק
הבינלאומי זו היא הכרזת מלחמה.

ב-27 למאי נאצר חזר שוב על מטרותיו: *"המטרה העיקרית שלנו היא השמדת*
ישראל". ב-30 למאי, כוחות מצריים, עירקיים וסעודים הועמדו לרשות מלך ירדן,
חוסיין. ב-1 ליוני הכריז מנהיג עירק שהמטרה היא *"למחוק את ישראל מעל המפה".*

משרד החוץ הישראלי, באמצעות האחראי מטעם האו"ם על הפיקוח על הפסקת
האש, העביר מסר דחוף למלך חוסיין על מנת שלא ייקח חלק במלחמה ותמורת זאת
ישראל תמנע מלתקוף אותו; אך אנו יודעים שהחליט – ברשעות – לעשות בדיוק את
ההיפך ושנים מאוחר יותר הודה שזו הייתה אחת הטעויות הגדולות שהוא עשה.

ב-5 ליוני ישראל, שהרגישה מאויימת וחנוקה, וגם הפעם עם מספר חיילים
ואמצעי לחימה קטנים בהרבה ביחס לאויבים, ביצעה התקפת פתע כהקדמה למה
שכונה מבצע *ממוקד,* במילים אחרות התקפה אווירית בהפתעה בקנה מידה גדול. ואיך
זה נגמר? מבחינת הערבים גרוע יותר מאשר בשנת 1956: סוריה איבדה את רמת

הגולן, מצרים את רצועת עזה וחצי האי סיני עד לתעלת סואץ, ירדן את כל הגדה המערבית.

כל זה לא היה קורה – כהרף עין – ללא המלחמה "האימפריאלסטית" הערבית.

לכנסת, הפרלמנט הישראלי, לא נותר אלא להחליט על החלת הריבונות הישראלית על מזרח ירושלים כולל הכותל המערבי. ישראל, כהוכחה לרצון הטוב שלה, רצתה לוודא קודם האם בתמורה להחזרת שטחים אפשר יהיה להגיע להסכם שלום; לכן, במקום לספח את הגדה המערבית, הקימה את הממשל הצבאי. ב-1972 התקיימו בחירות בגדה בהן השתתפו לראשונה גם נשים וגם לא בעלי קרקעות. לתושבי מזרח ירושלים ניתנה האפשרות לשמור על האזרחיות הירדנית או לבקש אזרחות ישראלית; לבסוף, המקומות הקדושים לאיסלם, נמסרו, כפי שכבר נאמר, לניהול המועצה המוסלמית.

מצד המנוצחים, באוגוסט 1967 בחרטום בירת סודן, יצאה החלטת "שלושת הלאווים": לא לשלום עם ישראל, לא למשא ומתן עם ישראל, לא להכרה בישראל ותביעת זכויות העם הפלסטינאי במה שהם הגדירו מדינתו.

אם זה מה שישמח אותם......

ישראל, מבלי לבקש או לרצות זאת, הצליחה בששה ימים בלבד להגדיל את השטח שבשליטתה פי ארבעה.

האם לערבים לא היה כדאי גם הפעם לא לרצות, לגרום ולהפסיד עוד מלחמה?

החיכוך של (עוד) תבוסה
למרות התבוסות הרבות, המצרים המשיכו בלחימה גם אחרי 1967 (עד 1970) בשיטות פחות חצופות, למרות מאמצי האו"ם להוביל את הצדדים להסכם. עבור הנשיא נאצר היה ברור *"ש"מה שנלקח בכוח ישוחרר רק בכוח"*.

פעם נוספת, למרות הסיוע העצום בחימוש מצד ברית המועצות, מצרים לא הצליחה לנצח גם במלחמה מסוג שונה שכונתה *מלחמת ההתשה*, כלומר הפצצות מתמשכות על העמדות הקדמיות של צה"ל בנוסף לפעולות קומנדו מעבר לתעלה. ב-1970 המלחמה מסתיימת בדיוק באותם גבולות כפי שהיו בהתחלתה.
סתם הרבה רעש.

• • • •

מלחמה גם בחגים

אתם תחשבו שבנקודה זו הערבים ייכנעו, לא? מה פתאום! מצרים וסוריה (בסיוע של לפחות תשע מדינות ערב כגון אלג'ריה, סודן, מרוקו, ירדן, לבנון, עירק, סעודיה, כוויית ולוב) ניסו שוב את מזלם בהתקפה נוספת ב-6 לאוקטובר 1973 *ביום כיפור*, החג הקדוש ביותר בלוח העברי, בו משביתים לחלוטין כל פעילות במדינה.

ישראל, מופתעת לחלוטין, התגוננה במשך הימים הראשונים של הלוחמה עד לאירגון כוחות המילואים שנתנו אוויר לנשימה לחיילים הסדירים ובסופו של דבר ניצחה גם הפעם. הסובייטים תמכו כמובן, בצבאות ערב בסיוע צבאי מסיבי, והחרימו כמעט כל ניסיון לסיים את האירוע בדרך דיפלומטית. ב-22 לאוקטובר מועצת הביטחון של האו"ם אישרה את ההחלטה 338 שציוותה על הפסקת האש מכל המעורבים; זה קרה, ולא במקרה, רק כשהצבא הישראלי כיתר את הארמיה השלישית המצרית שקרסה ועמדה בפני כניעה......

האם זה נכון שהחיילים הערבים שנפלו בשבי הישראלי עונו על ידי היהודים? שקר. Hugh Baker, נציג Amnesty International העיד: *"מתייחסים אליהם יפה......נדמה שהם מקבלים טיפולים רפואיים מהטובים ביותר"*. ההפך הוא הנכון; חיילים ישראלים שנפלו בשבי המצרי והסורי עונו ונרצחו תוך כדי הפרה ברורה של אמנת ג'נבה על זכויות שבויי המלחמה.

בהתאם לשני דו"חות שנשלחו לצלב האדום (ב-8 לדצמבר 1973 וב-9 לדצמבר 1973) על ידי הממשלה הישראלית, חיילים ישראלים גילו שחלק מחבריהם שמתו בשבי היו עם ידיים ורגליים קשורות, לעתים לאחר עקירת העניים, עם כוויות וסימנים ברורים של התעללות מינית.

ב-27 לאוקטובר 1973 נכנסה לתוקף הפסקת האש של עוד מלחמה מיותרת שנגרמה – גם הפעם – על ידי אויבי ישראל.

• • • •

לבנון 1982. הטבח (הלא) ישראלי

אחד הסיפורים השקריים *שמנפנפים אותו כל הזמן* הוא מה שקרוי "הטבח הישראלי" בלבנון. חובה לספר מה קדם לכך: בחודש מרץ 1978 מחבלים של אש"ף (*מה שגרם מאוחר יותר למבצע ליטני*) הצליחו לחדור לישראל ולהשתלט על אוטובוס מלא נוסעים: 34 בני ערובה נרצחו. כמתבקש מהנסיבות, כוחות ישראליים חדרו ללבנון וחיסלו המחבלים שישבו בדרום המדינה.

כשצה"ל השלים את פעולתו, הוא נסוג מלבנון לאחר חודשיים, באפריל 1982, בהתאם להחלטת מועצת הביטחון של האו"ם מספר 425/1978. בדיעבד, זאת הייתה ההחלטה שגויה כי המחבלים שבו לדרום לבנון ללא שום הפרעה ומאז אש"ף מירר עוד יותר את חיי האזרחים בצפון ישראל. ואכן, החלה כך סדרה בלתי פוסקת של הפצצות על ערי צפון ישראל בהסתמך על רשת ענפה של עמדות נגד מטוסים, מאות טנקים מדגם טי-34, כמות גדולה של תותחים, רקטות מסוג *קטיושהו*-17.000 חיילים מהם כ-6.000 שכירי חרב שהגיעו מלוב, עירק, הודו, סרי לנקה, צ'אד ומוזמביק; סוריה מצידה סייעה לאש"ף בטילי קרקע-אוויר.

נוסיף על כך שהמצב בלבנון, גם במישור הפוליטי, היה מאוד מסובך בגלל מלחמת האזרחים הארורה שתימשך כד לשנת 1989. מצד אחד הפאלנגות, בסיוע הנוצרים המרונים, היו בסכסוך עמוק מול הלוחמים הפלסטינאים (כולל מוסלמים סונים, שיעיים ודרוזים) ששהו במקום לאחר הגירוש מירדן בעקבות המאורעות של *ספטמבר השחור*. ב-3 ליוני 1982 שגריר ישראל בלונדון, שלמה ארגוב, נפצע בפיגוע ירי; עוד פעם אחת ישראל, הגיבה לפרובוקציה כשפתחה במבצע של שלושה ימים (*מבצע שלום הגליל*) כדי להדוף את *הפידאיין* מצפון לקו הליטני; בסוף צה"ל שלט לחלוטין בדרום לבנון ועד למרכזה. החל מ-14 ליוני האזור צמוד לביירות היכן שכן מטה אש"ף, היה מוקף למשך תשעה שבועות. בכל זאת, כח צבאי בינלאומי איפשר לכ-15.000 אנשי אש"ף להימלט מהמצור ולהגיע לתימן ותוניסיה.

כשבעל הברית של ישראל, הנוצרי באשיר ג'מאייל, נבחר לנשיא לבנון, הוא נרצח ב-14 לספטמבר עוד לפני כניסתו לתפקיד. המעשה הזה גרם לכך שישראל תתחיל לשלוט כל השכונות המערביות של ביירות תוך כדי גירוש משם של הלוחמים הפלסטינאים והסורים.

ואז הגיע הרגע הקריטי; הפאלנגות – ולא הישראלים כפי שמספרים – חדרו לתוך מחנות הפליטים סברה ושתילה (עליהם היה רק פיקוח של *צה"ל*) בחיפוש אחרי מחבלים ובין ה-16 ל-18 לספטמבר הרגו גם אזרחים (המספר נע בין 450 ל-3.500) האם זה היה מעשה שלא ייעשה? בהחלט כן, אבל – כפי שציינו – לא בוצע על ידי

הישראלים. בשל הקפדה מוסרית, ועם טעות גם של תקשורת, ממשלת בגין התפטרה בחודש פברואר 1983 עם סיום העבודה של ועדת החקירה קהן בירושלים.

עובדה היא שב-17 למאי 1983 ישראל החלה לסגת מדרום לבנון ושמרה רק על רצועת ביטחון; ב-1985 רצועה זו הצטמצמה עוד יותר עד ל-24 במאי 2000, כאשר ישראל השלימה את הנסיגה של כל כוחותיה לאחר 22 שנים.

זו הייתה החלטה מטורפת; *חיזבוללה*, על הגבול הבינלאמי בין ישראל ללבנון, ניצל את המצב כדי לתקוף ישובים בצפון ישראל ולעשות בכך שוב פרובוקציה. בחירה של רצון טוב מצד ישראל תוכח פעם נוספת כבומרנג.

• • • •

לבנון 2006: ההפסד מחדש

סיפור לבנון יחזור על עצמו שוב ושוב ותמיד ללא אשמה ישראלית. הודות לסיוע מצד סוריה ואירן, *חיזבוללה*, *"המפלגה של אלוהים"* בדרום לבנון, הלך והתחזק דווקא כשישראל נסוגה כדי לכבד את ההחלטה מס' 425. כך קרה *שחיזבוללה*, איחסן כמויות עצומות של נשק באזורים אזרחיים, *בבונקרים* ובסיסים שמורים; כל זה הקל על הארגון לתקוף את ישראל תוך חדירה לשטחה כדי להרוג ולחטוף לא רק חיילים אלא גם אזרחים. ישראל הגיבה בהתקפות על מטרות צבאיות של *חיזבוללה*. זה האחרון, כדי להגביר את תוקפנותו, החל בירי רקטות מתמשך שהגיע עד לחיפה.

רק אז ראש הממשלה אהוד אולמרט, כתוצאה מהאירועים, נאלץ לתקוף סופית ב-22 ליולי במבצע שיקבל את השם *"שינוי כיוון"*. ב-14 לאוגוסט, אחרי 34 ימי מלחמה, הוחלט על הפסקת האש תחת חסותו של האו"ם שקיבלה גושפנקא סופית ב-8 לספטמבר 2006.

החלטת האו"ם מיום 11 באוגוסט 2006, ההחלטה מספר 1701, דרשה מלבנון לשמור על גבולותיה ובכך למנוע מעבר נשק לא חוקי בדרך זו.

במטרה זו, בחודש מאי 2007, המזכיר הכללי של האו"ם באן קי-מון החליט על הצבת ה-LIBAT) *Lebanon Independent Border Assessment Team*), כלומר גוף שיפקח על כיבוד ההחלטה שלו. מיותר לציין שהגוף הנ"ל יעיד שלבנון הייתה מדינה רכה ביותר, שדרכה חדרו ללא הפסק נשק ומחבלים, גם בגלל השחיתות ששררה בין משטרת הגבולות לאורך הגבול עם סוריה.

למעשה, ישראל שוב הייתה תחת איום, הכל באשמת יריבותיה, לאור כמות עצומה של נשק (במיוחד טילים המסוגלים להגיע לתל אביב ולדרום המדינה) שעברה בניגוד לחוק מסוריה ואירן.

האם יש עוד מי שיעז להאשים את ישראל על כביכול חוסר כיבוד החלטות האו"ם?!?

פרק 2 – פליטים פלסטינאים באשמת.... הערבים

• • • •

עדויות שלא ניתן להכחיש על "הגירה" של הפליטים

מתאים לשיחה בבית קפה או דיון בנסיעה ברכבת או אולם ביליארד הוא הפיטפוט הארוך לפיו בעיית הפליטים הפלסטינאים היא באשמת ישראל; נניח לרגע שכמעט אף אחד לא מזכיר את הפליטים היהודים אבל גם הם קיימים.....

לאחר חלוקת האו"ם ב-1947 היו 700.000 פליטים יהודים (יש מי מעריך את מספרם כ-900.000); ממרוקו ברחו 265.000 (היום חיים שם 2.150), מטוניס 105.000 (היום 1.050); מתימן ומעדן 63.000 (היום פחות מ-50). נוסיף עוד כמה נתונים כדי לסכם: ב-1948 היו בלוב 38.000 יהודים, היום אף יהודי; בעירק 135.000, היום רק 1; באלג'ריה 140.000, היום קרוב ל-50; במצרים 75.000, היום קרוב ל-100; בלבנון היו 5.000, היום פחות מ-100; בסוריה היו 30.000, היום 100.

לסיכום, מתוך 851.000 יהודים כיום נשארו במדינות ערב רק 3.330 !

המוצא היחיד עבור הפליטים היהודים, אלה שנשכחו, היה הנס האמיתי שיצרה ישראל שהקימה באופן מעורר כבוד, עד לסוף שנות החמישים, את מה שהכרנו כמעברות, כלומר "מחנות מעבר", 125 מתקני קליטה בנויים מאוהלים.

החל מ-1955 נמצא פתרון וקליטה לכולם, מי בערים הקיימות ומי במרכזים חדשים שרק הוקמו.

רק נזכיר כאן כמה דוגמאות כמו קרית שמונה, שדרות, בית שאן, יוקנעם, אור יהודה, נהריה ומגדל העמק, שעם הזמן הפכו למרכזים עירוניים. לסיכום, בין השנים 1948 ו-1972, מתוך 820.000 פליטים יהודים קרוב ל-586.000 מצאו מקלט בישראל.

הערבים, לא רק שלא עזרו להם, אלא החרימו את כל רכושם.

כמה היו לעומת זאת הפליטים הערבים? המספר המקובל הוא קרוב ל-700.000 (הישראלים טוענים בסביבות 500.000 כאשר לפי הפלסטינאים המספר הוא קרוב למיליון). הם התמקמו לרוב בגדה המערבית וברצועת עזה אבל גם מעבר לירדן, סוריה ולבנון; מעטים עברו למצרים, עירק ומדינות ערב אחרות.

השקר הענק האנטי ישראלי, אולי שקר המאה, הוא שהאחריות בגין הבריחה הזאת לפני, בזמן ואחרי המלחמה רובצת על ישראל; כרגיל, נלך ונפרק טענה זו.

בסוף חודש ינואר 1948 הועד הלאומי העליון ערבי-פלסטינאי (Arab Higher Committee AHC), בפועל "הממשל" דה פקטו של הערבים הפלסטינאים, הורה למדינות השכנות לסרב לאשר ויזה לפליטים ולחסום את הגבולות. הועדה הלאומית הערבית בירושלים פסקה שעל הנשים, ילדים וזקנים לעזוב את בתיהם: "כל התנגדות

לְהוֹרָאָה זוֹ...... הִיא מִכְשׁוֹל לַמִּלְחָמָה הַקְּדוֹשָׁה......וְתַזִּיק לִפְעֻלּוֹת הַלּוֹחֲמִים בַּמְּחוֹזוֹת אֵלֶּה".

אֶחָד מֵרָאשֵׁי הַוַּעַד הָעֶלְיוֹן בְּחֵיפָה, חַג' נִימַר אל-חַטִיב, הֶאֱשִׁים אֶת הֶחַיָּלִים הָעֲרָבִים בְּיָפוֹ כִּי "שָׁדְדוּ בָּתִּים וַאֲנָשִׁים, וּכְבוֹד הַנָּשִׁים חֻלַּל. מַצָּב זֶה גָּרַם לְהַרְבֵּה מֵהַתּוֹשָׁבִים הָעֲרָבִים לִנְטוֹשׁ אֶת הָעִיר תַּחַת חָסוּתָם שֶׁל הַטַּנְקִים הַבְּרִיטִים".

הַקּוֹנְסוּל הַכְּלָלִי הָאָמֵרִיקָאִי בְּחֵיפָה, Aubrey Lippincott, לְעִתִּים כָּתַב ב-22 לְאַפְּרִיל 1948: "הַמַּנְהִיגִים הָעֲרָבִים הַמְּקוֹמִיִּים, תַּחַת שְׁלִיטַת הַמֻּפְתִּי, הוֹרוּ לְכָל הָעֲרָבִים לַעֲזוֹב אֶת הָעִיר וְהַרְבֵּה מֵהֶם אָכֵן עָשׂוּ זֹאת".

הַשָּׁבוּעוֹן The Economist, הַיָּדוּעַ בְּעֶמְדוֹתָיו הָאַנְטִי צִיּוֹנִיּוֹת, כָּתַב כָּךְ ב-2 לְאוֹקְטוֹבֶר 1948:

"מִתּוֹךְ 62.000 הָעֲרָבִים שֶׁחָיוּ פַּעַם בְּחֵיפָה לֹא נוֹתְרוּ יוֹתֵר מ-5.000 אוֹ 6.000......הַגּוֹרֵם הֲכִי חָזָק הָיָה הַמֶּסֶר הָרַדְיוֹפוֹנִי שֶׁל הַוַּעַד הָעֲרָבִי הָעֶלְיוֹן שֶׁהוֹרָה לָעֲרָבִים לִנְטוֹשׁ אֶת הָעִיר......הֻבְהַר לָהֶם שֶׁעֲרָבִים שֶׁיִּשָּׁאֲרוּ בְּחֵיפָה, וִיקַבְּלוּ עֲלֵיהֶם חָסוּת מֵהַיְּהוּדִים, יִתְיַחֲסוּ אֲלֵיהֶם כְּעָרִיקִים".

הַיּוֹמוֹן שֶׁל קָהִיר, אכבר אל-יום, ב-12 לְאוֹקְטוֹבֶר 1963 סִכֵּם אֶת הָאֵירוּעִים שֶׁהִתְרַחֲשׁוּ בְּאוֹתָם הַיָּמִים:

"הִגִּיעַ הַ-15 לְמַאי 1948......בְּאוֹתוֹ יוֹם הַמֻּפְתִּי שֶׁל יְרוּשָׁלַיִם הוֹצִיא קְרִיאָה לָעֲרָבִים בְּפָלֶסְטִין כְּדֵי שֶׁיִּנְטְשׁוּ אֶת הַמְּדִינָה מֵאַחַר וְצִבְאוֹת עֲרָב עָמְדוּ לְהִכָּנֵס בִּמְקוֹמָם......".

גַּם חָלֵד אל עזם, רֹאשׁ הַמֶּמְשָׁלָה הַסּוּרִי בֵּין 1948 ל-1949, בְּזִכְרוֹנוֹתָיו, תָּמִיד הֶאֱשִׁים אֶת הַמַּנְהִיגִים הָעֲרָבִים: "....אֲנַחְנוּ עוֹדַדְנוּ אוֹתָם לָלֶכֶת מִבָּתֵּיהֶם".

אֱמִיל גּוּרִי, מַזְכִּיר הַוַּעַד הָעֲרָבִי הָעֶלְיוֹן ((Palestinian Arab Higher Committee בְּרֵאָיוֹן לְעִתּוֹן Beirut Telegraph ב-6 לְסֶפְּטֶמְבֶּר הוֹדָה:

"הָעֻבְדָּה שֶׁקַּיָּמִים הַפְּלִיטִים הָאֵלֶּה הִיא הַתּוֹצָאָה הַיְּשִׁירָה שֶׁל פְּעֻלַּת מְדִינוֹת עֲרָב נֶגֶד הַחֲלוּקָה וְנֶגֶד הַמְּדִינָה הַיְּהוּדִית. מְדִינוֹת עֲרָב הָיוּ תְּמִימֵי דֵּעוֹת בְּקֶשֶׁר לִמְדִינִיּוּת זֹאת וְכָעֵת עֲלֵיהֶן לְהִשְׁתַּתֵּף לִמְצִיאַת פִּתְרוֹן לַבְּעָיָה".

וְאִם קַיָּמִים עוֹד סְפֵקוֹת בַּנּוֹשֵׂא, הַיּוֹמוֹן הַיַּרְדֵּנִי פָּלֶסְטִין כָּךְ כָּתַב ב-19 לְפֶבְּרוּאַר 1949:

"מְדִינוֹת עֲרָב שֶׁעוֹדְדוּ אֶת הָעֲרָבִים הַפָּלֶסְטִינָאִים לִנְטוֹשׁ זְמַנִּית אֶת בָּתֵּיהֶם כְּדֵי לֹא לִהְיוֹת מְעוֹרָבִים בִּקְרָבוֹת עֵקֶב פְּלִישַׁת צִבְאוֹת עֲרָב, לֹא קִיְּמוּ אֶת הַבְטָחָתָן לַעֲזוֹר לַפְּלִיטִים הָאֵלֶּה". עַל כָּךְ נוֹסִיף עוֹד דּוּ"חַ שֶׁל הַמּוֹדִיעִין הַבְּרִיטִי:

"לְאַחַר שֶׁהַיְּהוּדִים הִשִּׂיגוּ אֶת הַשְּׁלִיטָה עַל הָעִיר, רַבִּים לֹא הָיוּ מְצַיְּתִים לִדְרִישָׁה שֶׁל פִּנּוּי מֻחְלָט אִלְמָלֵא הַשְּׁמוּעוֹת וְהַתַּעֲמוּלָה מִצַּד חַבְרֵי הַוַּעַד הַלְּאֻמִּי שֶׁנּוֹתְרוּ בָּעִיר......מַהֲלָךְ יָעִיל שֶׁל תַּעֲמוּלָה, הַכּוֹלֵל אִיּוּם מְרֻמָּז בְּתַגְמוּל כְּשֶׁהָעֲרָבִים יִשְׁתַּלְּטוּ בַּחֲזָרָה עַל הָעִיר, הִבְהִיר שְׁמִי שֶׁנִּשְׁאַר בְּחֵיפָה הִכִּיר דָּה פַקְטוֹ בְּעִיקָּרוֹן שֶׁל מְדִינָה יְהוּדִית".

בעיתון היפואי, אל-שעב מיום 30 בינואר 1948, כתוב: *"הקבוצה הראשונה של הגיס החמישי שלנו כוללת אלה שנוטשים את בתיהם...עם הסימן הראשון של צרות הם מתקפלים ובורחים על מנת לפלג את חזית המאבק"*.

עוד עיתון יפואי, אל-סריח מיום 30 במרץ 1948, אישר: *"... בנטישת הכפרים שלהם הם ממיטים קלון על כולנו"*.

ה-*Time Magazine* מיום 3 במאי 1948 נתן חיזוק לכך בכותבו: *"הנטישה ההמונית, חלק בגלל הפחד וחלק בגלל הוראות הצד המנהיגים הערבים, הפכה את הרובע הערבי של חיפה לעיר רפאים....עם הוצאת הפועלים הערבים המנהיגים שלהם קיוו לשתק את חיפה."*

ב-3 לאפריל 1948 נשמעו הדברים הבאים מתחנת הרדיו הקפריסאית *Radio Near East*: *אסור לשכוח שהפיקוד העליון הערבי דירבן את הערבים לברוח מבתיהם ביפו, חיפה וירושלים, ושחלק מהמנהיגים הערבים ניסו לצבור הון פוליטי ממצבם העלוב של הנמלטים."*

יצוויין ש-*Sir John Troutbeck מהלישכה הבריטית למזרח התיכון בקהיר* דיווח לממונים עליו שהפליטים (בעזה) לא הפגינו מרירות כלפי היהודים אלא נשאו שנאה עזה כלפי המצרים:

"הם טוענים: 'אנחנו יודעים מי הם האויבים שלנו (הכוונה למצרים)', ומאשרים שאחיהם הערבים שיכנעו אותם לנטוש את בתיהם ללא סיבה..... שמעתי גם לא מעט מהפליטים שהיו מקבלים בברכה את הישראלים אם היו משתלטים על הרצועה....". וזה לא הכל אם נעיף מבט ליומון אל-*חודה הלבנוני בניו יורק מיום 8 ביוני 1951:*

"....עצת האחים שניתנה לערבי פלסטין היתה לנטוש את אדמותיהם, בתיהם וכל רכוש אחר כדי להתיישב זמנית בתחומי המדינות השכנות, ובכך להקל על המהלכים של צבאות הכיבוש הערבים".

השבועון האיסלמי של בירות קול-שייהיה עוד יותר נוקשה:

"מי הביא את הפלסטינאים ללבנון בתור פליטים, הסובלים כעת מיחסם המזיק של עיתונים ומנהיגים מקומיים נטולי כבוד ומצפון? מי הביא אותם ישירות למצבם הנוראי וללא כסף, לאחר שלקחו מהם גם את הכבוד? אלה היו מדינות ערב....".

מצד שני, היה זה דווקא ראש ממשלת עירק נורי סעיד שהכריז בפומבי: *"נחריב את המדינה עם הנשק שלנו ונמחוק כל מקום בו היהודים יחפשו מקלט. על הערבים להוביל נשותיהם וילדיהם למקומות בטוחים עד לסיום הלחימה"*.

חיזוק נוסף לכך מוצאים ביומון הירדני אל אורדון מיום 9 לאפריל 1953:

"יציאת הערבים.....לא נגרמה על ידי המלחמה העכשוית אלא מריבוי השמועות שהופצו על ידי המנהיגים הערבים כדי להסית אותם להילחם נגד היהודים....החדירו בהם, בליבם של ערבי פלסטין, פחד וטרור כדי שינטשו את בתיהם וכל רכושם לאויב".

מזכיר הלשכה של הליגה הערבית בלונדון, Edward Atiyah, בספרו הערבים סיכם זאת כך:

"הבריחה ההמונית בחלקה נגרמה על ידי האמונה של הערבים, מעודדים ממסע שכנוע הזוי של העיתונות ומהתבטאויות בלתי אחראיות של מנהיגים ערבים, שכל העניין יימשך מספר שבועות בלבד עד שצבאות ערב ינצחו במלחמה והערבים הפלסטינאים יוכלו לשוב ולהשתלט על ארצם".

ב-Newsweek של 20 בינואר 1963 שוב מודגש בפעם מי יודע כמה: "הישראלים חוזרים על כך שמדינות ערב הן אלו שעודדו את הפלסטינאים להימלט. ועובדה, הערבים שעדיין חיים בישראל זוכרים שהתבקשו על ידי הפיקוד של צבאות ערב לנטוש את חיפה כדי שיוכלו להפציץ אותה".

העיתון היומי אכבר אל-יום היוצא בקהיר, ב-12 לאוקטובר 1963 ציין:

ה-15 במאי 1948 הגיע..... ובאותו יום המופתי של ירושלים קרא לערבים הפלסטינאים לנטוש את את המדינה כי צבאות ערב עמדו להיכנס ולהילחם במקומם".

ראש ממשלת סוריה אחרי מלחמת 1948, חלד אל עזם, פרסם בספרו שיצא לאור ב-1973:

"....כבר ב-1948, אנחנו אלה שביקשנו את שיבת הפליטים כפי שאנחנו עודנו אותם לברוח. אנחנו הבאנו את האסון על כמיליון של פליטים ערבים כשביקשנו ולחצנו עליהם לצאת מבתיהם. אנחנו אלו שהרגלנו אותם להתחנן.....אנחנו אלו שגרמנו להורדת רמתם המוסרית והחברתית.....ואנחנו אלו שניצלנו אותם כדי שיוציאו לפועל פשעים ורציחות, שריפות ויידוי אבנים על גברים, נשים וילדים.....כל זה על מנת לשרת מטרות פוליטיות....".

אפילו מחמוד עבאס – כן, כן, ממש הוא   פרסם מאמר בחודש מרץ 1976 בביטאון הרשמי של אש"ף בביירות: Falastin al-Thawra:

"צבאות ערב חדרו לפלסטין כדי להגן על הפלסטינאים מהרודנות הציונית, אך הזניחו אותם, אילצו אותם להגר ולנטוש את מולדתם, הציבו מעליהם עול פוליטי ואידאולוגי וכלאו אותם בבתי כלא הדומים לגטאות בהם חיו היהודים במזרח אירופה".

להלן מה שאמר לאחרונה, ב-1996, המלך חוסיין מירדן:

"כבר ב-1948, המנהיגים הערבים ניגשו אל הבעיה הפלסטינאית בצורה לא אחראית. הם השתמשו בעם הפלסטינאי למטרות פוליטיות; זה מגוחך, הייתי אומר אפילו על גבול הפלילי ....".

האם נכון שהיהודים זירזו בכח את הערבים לנטישה? ממש לא! לראיה להלן מה שנכתב במזכיר בתזכיר של הוועד הלאומי הערבי של חיפה לממשלות של הליגה הערבית ב-1950: "...השלטונות הצבאיים והאזרחיים (הישראליים) הביעו את אכזבתם העמוקה לנוכח ההחלטה החמורה הזאת (החלטת הנציגים הצבאיים הערבים של חיפה ושל שרשרת הפיקוד של Arab-Palestinian Higher Committee לפנות את חיפה למרות

ההצעה הישראלית להפסקת אש). ראש העיר היהודי של חיפה פנה מעומק הלב למשלחת (של מנהיגים צבאיים ערבים) לשקול מחדש את החלטתם.

זאת ועוד, מהדו"ח של המשטרה הבריטית של מחוז חיפה מיום 26 באפריל 1948, אנו מסיקים: *"נעשה ע"י היהודים כל מאמץ לשכנע האוכלוסיה הערבית להישאר ולהמשיך בחייהם הרגילים, לפתוח את חנויותיהם וכל פעילות מסחרית אחרת, מתוך וודאות שחייהם והאינטרסים שלהם יישמרו בטוחים".* הוכחה לכך היא שדוד בן גוריון שלח את גולדה מאיר לחיפה על מנת לשכנע אותם להישאר אך הם סירבו כי פחדו שיזהו אותם כבוגדים. על כל פנים, הערבים כולם, פרט ל-5.000 או 6.000 איש, ברחו מחיפה.

איך זה שמומחי "פלסטין" או "פליטי פלסטין" אינם מספרים את כל זאת? ההיסטוריון הישראלי בני מוריס – שבלשון המעטה נוכל להגדיר "כחובב ישראל" – ב- *The Guardian* של 21 לפברואר 2002 הודה: *"בעיית הפליטים הייתה התוצאה הישירה של המלחמה שהפלסטינאים– ו...מדינות ערב השכנות – החלו בה".*

אבל לאן ברחו? מתוך 700.000 מבקשי מקלט קרוב ל-350.000 נקלטו בירדן, 200.000 ברצועת עזה, 100.000 בלבנון ועוד 60.000 בסוריה. כמחצית מהם מצאו מקלט בערים ובכפרים, האחרים בזוהמה של מחנות הפליטים. בטבריה ובחיפה *ההגנה* הוציאה הוראות מפורשות לפיהן איש בל יגע ברכוש של הערבים, פן יוטלו עליו עונשים כבדים.

מאוחר יותר פורסמה הוראה שהקימה מנהלת של הרכוש הנטוש *"כדי למנוע תפיסה בלתי חוקית של בתים רקים ומקומות מסחר, כדי לנהל את הרכוש ללא בעלים, ולהבטיח את העבודה בשדות הנטושים ולהציל את היבולים".*

בנוסף לכך – כמעט מיידית – ישראל אישרה לפליטים הרוצים בכך, לשוב ולשחרר להם את החשבונות שהוקפאו בבנקים הישראליים, ולקבל פיצוי על האדמות שננטשו; ישראל גם הודיעה על נכונותה להחזיר 100.000 פליטים, כולל אלה שכבר חזרו או בשלבים לעשות זאת, אם מדינות ערב היו מסכימות לקלוט את היתר ולחתום על הסכמי שלום. לחילופין ישראל הייתה מוכנה לקחת על עצמה את ניהול רצועת עזה על 60.000 תושביה 000 פליטים. מיותר לציין שהערבים דחו כל פשרה אך כדי להוכיח שוב את הרצון הטוב של ישראל, הופשרו חשבונות הבנק שהוקפאו של הפליטים הערבים (מעל ל-10 מיליון דולר), שולמו פיצויים במזומן או תמורת אלפי דונמים של שטחים. יש לזכור שקרוב ל-160.000 ערבים בחרו, למרות האיומים, להישאר בישראל ואיש לא פגע בהם בשום צורה.

האומות המאוחדות אימצו את ההחלטה 194 מיום 11 לדצמבר 1948 בה נדרשו שני הצדדים להגיע להסכמות ביניהם על כל המחלוקות או לעשות זאת בעזרת ועדת הפיוס לפלסטין שהוקמה למטרה זו; יש לציין, פעם אחת ולתמיד, שההחלטות האסיפה הכללית לא מחייבות אף אחד. אבל, מה קובע סעיף 11?:

*"...לפליטים הרוצים לשוב לבתיהם ולחיות בשלום עם שכניהם יש לאפשר זאת
ברגע שזה ניתן, וצריך לשלם פיצוי על הרכוש הנטוש לכל אלה שיבחרו לא לשוב,
ועל האובדן או הנזק לרכוש שלפי עקרונות הדין הבינלאומי או של השוויון ישולמו ע"י
הממשלות או השלטונות הנוגעים בדבר".*

ועדת הפיוס הייתה אמורה לפקח ולפעול לטובת כל זה. כפי שקראנו ברור
שישראל לא הייתה מחויבת לקבל פליטים שלא מונעים מרצון לשלום ולפיכך, לא
במקרה בההחלטת האומות המאוחדות השתמשו ב- *"should"* במקום ב- *"shall"*; כלומר,
זו לא הייתה הוראה אלא בקשה. הפירוש שנותנים לכך הערבים והמלקקים להם
(אמצעי תקשורת, ידוענים ופוליטיקאים) שהפך לצערנו לנחלת הכלל הוא כמובן
מוטעה.

להלן מה שאמר הנשיא המצרי חוסני מובארכ: *"הדרישה הפלסטינאית ל "זכות
השיבה" לחלוטין לא מציאותית ואפשר היה לפתור אותה עם פיצויים כספיים וקליטה
במדינות ערב".*

כדי לסבר את האוזן, אם כל הפלסטינאים ישובו אוכלוסיית ישראל תעלה על 13
מיליון עם רוב פלסטינאי ; מגוחך רק לחשוב על כך. נוסיף על כך שהפלסטינאים
שמדברים על זכות השיבה, מתכוונים לבתים בהם חיו ב-1948. זו ממש בדיחה.
הוכחה לכך, דברי הנשיא המצרי נאצר בראיון מיום 1 לספטמבר 1961: *"אם הפליטים
ישובו לישראל, ישראל תחדל מלהתקיים".*

שר החוץ המצרי, מוחמד סלח-אדין, הצביע על המטרות האמיתיות:

*"מובן וידוע שהערבים, כשמבקשים החזרת הפליטים לפלסטין, מתכוונים לשיבה
בתור אדוני האדמה ולא בתור עבדים. אם להיות יותר אמיתי, הם מתכוונים לחיסולה של
מדינת ישראל".*

זוהי, אם כן, המטרה האמיתית שלהם.

אבל, מי נחשב "פליט פלסטינאי"?

האסיפה הכללית של האומות המאוחדות העניקה מנדט לטפל בפליטים ל-*United
Nations Relief for Palestine,* זאת לפני שעם החלטה 302 מיום 8 בדצמבר 1949 הוקם
גוף פורמלי בשם *United Nations Relief and Works Agency for Palestine Refugees
in the Near East* (המוכר תחת ראשי תיבות UNRWA).

קרוב לשליש מהפלסטינאים הרשומים כפליטים חי היום במחנות בירדן, לבנון,
סוריה, הגדה המערבית ורצועת עזה; ומה עם שני השלישים הנותרים? לרוב הם
חיים בתוך הערים של המדינות המארחות או בפריפריה הקרובה אליהן, בנוסף לגדה
המערבית ורצועת עזה, לעיתים בקרבת מקום מסביב למחנות המוכרזים. כשישראל
ניסתה לספק בתים לפליטים ברצועת עזה שהייתה בשליטתה, הערבים התנגדו כי
להם חשוב לשמור על השנאה כלפי ישראל דרך האי נוחות של הפליטים. ומה שעוד

יותר חשוב זה לשמור על הזרמת הכספים: הפלסטינאים קיבלו מיליארדי דולרים כסיוע בינלאומי החל מ-1993, אך לא ידוע לאן כספים אלו הגיעו.

בעצם אנחנו כן יודעים ונוכיח זאת......

הגזענות הערבית נגד הפליטים הפלסטינאים

נשאלת השאלה, למה מדינות ערב לא קלטו את הפליטים? פשוט, כפי שנראה להלן, הערבים הם גזעניים כלפי הפלסטינאים.

ב-1950 האו"ם התכוון להעביר 150.000 פליטים מעזה ללוב, אך מצרים התנגדה. משנת 1948 ועד 1967 מצרים שלטה בעזה וירדן שלטה בגדה המערבית; מדוע שתי מדינות אלו לא הציעו את השטחים שבשליטתן לפלסטינאים כדי להעניק להם מדינה? באופן פרדוקסלי זו אותה אדמה שהיום – בסתירה מוחלטת – דורשים שישראל תפנה לטובתם. וזה שתושבי הגדה המערבית לא דרשו מדינה משלהם כשהיו תחת שליטה ירדנית, ותושבי עזה לא דרשו זאת ממצרים באותה תקופה, איש לא נתן הסבר לכך.

בהקשר לכך, מנהל UNRWA לשעבר, Ralph Garroway, בחודש אוגוסט 1958 גילה:

"מדינות ערב לא רוצות לפתור את בעיית הפליטים. הן רוצות לשמור אותה כפצע פתוח, כקריאת תיגר כלפי האו"ם וכנשק נגד ישראל. להן לא איכפת ממש אם הפליטים חיים או מתים".

להלן ציטוט של המנהיג הלאומני הפלסטינאי מוסה עלמי כנגד הצביעות של הערבים:

"זו בושה שממשלות ערב מונעות מהפליטים הערבים לעבוד במדינותיהם, טורקות להם את הדלתות בפנים וכולאות אותם במחנות".

וראו איזה פלא, הסוכנות הזאת הצליחה, ב-2016, להקפיץ את מספר הפליטים הפלסטינאים ל-5 מיליון ו- 200.000 איש; מספר בלתי נתפס לאור הנתונים הקודמים. איך זה קרה?

ובכן, יש לדעת שלפי האו"ם, מספיק שערבי חי בפלסטין למשך שנתיים עד שנת 1948, כדי להפוך לפליט. האבסורד הוא שנכללים גם כל אותם צאצאים של הפליטים שכלל לא הוזכרו בהחלטה עצמה.....

יום שישי 15 במאי נחשב אצל הערבים כ-*"יום הנכבה"*, *"יום האסון"* של הקמת מדינת ישראל, ובכל זאת מדינות ערב יכולות לסרב לקלוט את הפליטים ואיש לא מלין על כך, יכולים להתאכזר לפלסטינאים ואיש לא פוצה פה.

לפליטים אלו אסור להפוך לאזרחים של מדינות ערב; הסיבה בהחלטת 1547 של הליגה הערבית משנת 1959, *"על מנת לשמר את הישות הפלסטינאית ואת הזהות הפלסטינאית"* (הוראה אתנו לאומנית, על גבול הגזענות).

ב-1967 ירדן לא העניקה שום אזרחות לתושבי עזה שהגיעו אליה אחרי מלחמת ששת הימים. ב-1970 קרוב ל-25.000 פלסטינאים נהרגו או גורשו באירועים של

"*ספטמבר השחור*" ברמת עמון; המחנות שלהם נהרסו בלי שום בושה. הירדנים רואים את הפלסטינאים, שהסורים שללו להם את האזרחות, כ-"*איום דמוגראפי*". ומה הסיבה? כדי שישראל לא תהנה מכך. כן, כן, קיראו: "*איננו רוצים להיות כלי לטובת ישראל ולמצוא פיתרון לפלסטינאים שמגיעים לירדן, תוך הענקת אזרחות להם*" כך...הסביר שר הפנים הירדני לשעבר נייף אל-קאדי. מגוחכים. הגזענות של אל-קאדי גרמה לכך שלא רק נשללה האזרחות מהפלסטינאים אלא הוא דרש שגם ילדים של נשים ירדניות נשואות לפלסטינאים או אזרחים ממדינות אחרות לא יזכו באזרחות ירדנית.

מצרים, בפעולות דומות, גירשה ב-1949 את כל הפלסטינאים מהמחנות המצריים בעזה; היום נותרו בה מעטים מאוד בכל המדינה. ב-2013 מאות פליטים פלסטינאים מסוריה נכלאו כשניסו להיכנס למדינה; נסגר מעבר רפיח על גבול עזה, פרט למעבר חולים, ובפועל כך נכלאו מיליון ו-700.000 מתושבי עזה. בחודש פברואר 2015 עבד אל-פתח אל-סיסי, בתמיכת בית הדין הגבוה, הוציא מחוץ לחוק – כאילו מדובר בישראל – את אירגון *חמאס* כאירגון טרור.

נו, אולי בלבנון המצב טוב יותר? ממש לא.... מעל ל-400.000 פלסטינאים חיים ב-12 מחנות פליטים בתנאים מחפירים; משנת 1962 הם מוגדרים כ-"*זרים במולדת*" או "*זרים שאזרחותם לא מוכרת*". במלחמת האזרחים במדינה, בין השנים 1975 ו-1978 נהרגו לפחות 5000 פלסטינאים, מבלי לספור אלה שנהרגו בין 1985 ו-1988 (עוד כמה אלפים). בשנת 2007 מעל ל-30.000 פלסטינאים נותרו ללא בית כי צבא לבנון הרס את מחנה נהר אל-ברד. ב-2015 הוחלט שהפלסטינאים יכולים לשהות בלבנון רק 9 שעות והיו צריכים להיות בעלי ויזה למדינה שלישית.

ואיפה היה אירגון האומות המאוחדות כאשר כווית, ועוד מדינות שונות מהמפרץ, גירשו תוך שבוע קרוב ל-400.000 פלסטינאים בגלל תמיכתם בפלישה העירקית בחודש מרץ 1991?

לוב מחזיקה בשיא הגזענות כלפי הפלסטינאים שקשה יהיה להשתוות אליו. קאדפי בשנים 1994-1995 גירש מעל ל-30.000 פלסטינאים והלאים את כל רכושם. האם המצב השתפר לאחר מותו? לא ולא! קרוב ל-40.000 פלסטינאים, ששהו באזור טריפולי, גורשו בכח מבתיהם שהולאמו ואיש מהם לא הורשה להיכנס שוב. הסיבה לכך הייתה הטרור....אז למה כשישראל אומרת זאת איש לא מוכן לקבל את ההסבר?

ומה עם עירק? ב-2005, לאחר שסדאם חוסיין איבד את השלטון, הפלסטינאים סבלו מחטיפות, רציחות ועינויים מצד מיליציות חמושות; כ-19.000 איש נאלצו לברוח, שהו במחנות במדבר שבין עירק וסוריה, מאחר ואף מדינה ערבית לא הסכימה לקלוט אותם. היום בעירק נותרו כ-6.000 פלסטינאים בלבד. תאמר משאיינש, מנהיג *הליגה לפלסטינאים* בעירק, הכריז שהפלסטינאים סובלים מ-"*הפרות ללא תקדים*"ו-"*מספר הולך וגובר של התנכלויות*".

משאיינש ואבו אל-וואליד האשימו גם את אש"ף ששילמו רק מס שפתיים בנושא.

נתקדם הלאה: בקטאר החל משנת 1994 לא ניתנים היתרי עבודה לפלסטינאים.

בסוריה, כבר בשנות השבעים לפלסטינאים לא היתה זכות בחירה ולא יכלו להבחר; בין השנים 2005 ו-2008 סוריה לא הירשתה לאלפים מהפליטים הערבים הפלסטינאים שנמלטו מעירק להיכנס לתחומה. משנת 2012 ועד היום קרוב ל-3.000 פלסטינאים נהרגו במלחמת האזרחים. מאוחר יותר סבלו את הרעב והזוועות של המלחמה כמו הפליטים במחנה הירמוק. ומה אש"ף עשה כדי להגן עליהם? בחודש אפריל 2015 הכריז – בשיא הצביעות –שאינו מעוניין להתעסק במחנה הפלסטינאי של ירמוק קרוב לדמשק (המאכלס 180.000 פליטים פלסטינאים). הם חיים כמו טפילים בתוך גטו ונהנים רק ממה שהאו"ם מעביר אליהם או עזרה מקרובי משפחה בחו"ל. נאצר בזמנו כינה את המחנה "פצצות אטום ערביות".

אאתגר אותכם: תמצאו לי פלסטינאי אחד עם דרכון מצרי או מרוקאי. רוצים עוד נתון מרעיש?

במזרח התיכון משנת 1948 מעל ל-90% של 11 מיליון ערבים שנהרגו, נהרגו בידי מוסלמים. רק 0.3% נהרגו בידי ישראל ב-66 שנות סכסוך.

נסכם עם נתון מסקרן: כולכם מכירים את הכאפיה, נכון? סמל בשימוש בכל העולם להפגנת סולידריות עם העם הפלסטינאי. קיימת זאת בשחור ולבן שהוצמדה לאש"ף ול-אל-פתח בשנות השישים. לעומת זאת, קיימת זאת בלבן ואדום, פחות מוכרת, והיא משוייכת לתנועות (לא באמת) מרקסיסטיות כגון החזית הלאומית לשחרור פלסטין. ובכן, נכון להיום רק מפעל ותיק בחברון עדיין מייצר כאפיות, כל היתר שבשווקים זה תוצרת סין; חמאס– ששולט בעזה – לא אוהב את הכאפיה. כך קרה שבעזה, כוחות הביטחון של חמאס התנפלו במכות נמרצות על סטודנטים ועובדים של אוניברסיטת אל-אזהאר שלבשו כפיה. המרכז לזכויות האזרח אל מזאן הגיש תלונה על החרמת הכאפיה מצד משטרת חמאס, על ההתקפה של האוניברסיטה והמכות לסטודנטים.

וזאת היא האוכלוסיה "הפלסטינאית" (המאוחדת)?

· · · ·

שטחים (לא) כבושים

מבין הקלישאות הנפוצות כגון "קודם כאן היה הכל ירוק" ו-"זה לא כל כך החום אלא הלחות" אפשר להוסיף זאת שישראל "כבשה" את השטחים המפורסמים.

נשמע מה אומרים המומחיםבנושא: הפרופסור לחוק בינלאומי Stephen Schwebel, לשעבר נשיא בית הדין הבינלאומי, הסביר שמדינה הפועלת מתוך הגנה עצמית, יכולה, אם זה נחוץ, לכבוש ולהחרים שטח על מנת להגן על עצמה ועל אזרחיה.

נגזר מכך שהיא יכולה לדרוש, בתמורה לנסיגה כללית, אמצעי ביטחון שיגנו עליה הכי טוב. להלן מה אומר סעיף 49 *של אמנת ג'נבה הרביעית בנושא*: תת-הסעיף הראשון אוסר *"העברה בכח של בודדים או של קבוצות, כמו כן של אנשים מוגנים, מחוץ לשטח הכבוש או לשטח של המדינה הכובשת או של מדינה אחרת כלשהיא, תחת כיבוש או לא, מכל סיבה שהיא"*.

ובכן, אף לא אזרח ערבי אחד מעבר לקו הירוק הועבר לישראל או ליעד כלשהוא אחר, אך לעומת זאת הכלל הזה הופר בחומרה כאשר דווקא היהודים גורשו מיהודה ושומרון על ידי הירדנים ב-1949.

תת הסעיף הבא ממשיך כך:

"המדינה הכובשת תוכל למרות הכל לפנות, פינוי מלא או חלקי, של אזור כבוש מסויים, אם בטחון האוכלוסיה או דרישות הצבא יבקשו זאת.פינוי זה יוכל לגרום להעברה של אנשים מוגנים (אנשי ציבור) רק לתוך השטח הכבוש, אלא אם זה לא יתאפשר מסיבות מוצדקות. האוכלוסיה שמפונה בצורה זו תוחזר לבתיה מייד עם סיום הקרבות באזור המדובר".

זה בדיוק מה שישראל עשתה עם בניית חומת ההפרדה בגדה המערבית.לאחר האינתיפאדה השנייה, הזיזה אנשים כדי להשלים בנייה זו.

הסעיף האחרון מסכם כך:

"המדינה הכובשת לא תוכל להעביר חלק מהאוכלוסיה שלה לתוך השטח הכבוש".

אז נשאלת השאלה, מתי היהודים הוכרחו לעבור לגדה המערבית ולרצועת עזה? הם עברו לשם מאחר ואלה היו אדמותיהם בעבר, או של אבותיהם, משם גורשו ב-1949.

אולי האטימולוגיה של המושג "כיבוש" היא בעוכריה של ישראל? לא ולא!! בעצם ממתי שטחים אלו נרכשו או סופחו לפי חוק על ידי ירדן או מצרים?

לגדה המערבית ולרצועת עזה, לאחר האימפריה העות'מאנ'ית, לא היתה מעולם ממשלה חוקית; על "הפלסטינאים" אין בכלל מה לדבר כי הם לא שלטו שם גם לא בצורה בלתי חוקית. לעומת זאת, ביהודה ושומרון היו מאז ומתמיד יהודים; איך אפשר לאמר שהם כובשים או "מתנחלים" בשטחים האלו? לא יעזור גם לשנות את השם מיהודה ושומרון *לגדה המערבית* (כי היא נמצאת בגדה המערבית של נהר הירדן) כדי לשנות את ההיסטוריה. המדינה הריבונית האחרונה באזור המדובר, לפני מדינת ישראל, היתה מדינת יהודה.

נחשו מי מאשר כל זה במשפט הבא? נא לקרוא:

"עזה משוחררת מהכיבוש, והקשר עם העולם החיצון קל יותר עבור המבקרים המגיעים מכל העולם לרצועה".

זה אותו שר החוץ הידוע של *חמאס*, מחמוד א-זהאר, שאומר כך. למען הדיוק גם החלטת החלוקה של האו"ם משנת 1947 לא קראה לזה *הגדה המערבית* אלא "*האזור ההררי של יהודה ושומרון*".

זה היה לא יפה לערבים לקרוא לאזור בשמו האמיתי, נכון? אחרת האנשים יתחילו להבין....

הדברים לא משתנים אם ננתח את כללי האג (במקרה שלנו סעיף 55):

"*המדינה הכובשת תתפקד אך ורק כמנהל בפועל בכל מה שקשור לבניינים הציבוריים, בניינים פרטיים, חורשות וחברות חקלאיות השייכות למדינת האויב ונמצאים בשטח המדינה הנכבשת. עליה לשמור על אופי רכוש זה ולנהל אותו בהתאם לכללים הקשורים לניצולו*."

מה הם הכללים האלו? יש מי שיגיד שהכוונה לחוקים של המנדט הבריטי; ובכן, סעיף 6 של המנדט הבריטי משנת 1922 מאפשר היום לישראלים להתיישב איפה שירצו בשטחים המוזכרים באותו מנדט (כלומר גם עזה, ישראל ומה שקוראים *הגדה המערבית*). אבל, אם נאמץ את החוקים של הכובש הירדני הבעיה היא עוד יותר מינורית.

אך נניח, עד כמה שזה נשמע אבסורדי, שישראל היא מעצמה הכובשת את עזה. הנה מה מצפה לנו בסעיף 46 של *האמנה הרביעית של האג* בקשר לחוקים והכללים *במלחמה קרקעית* מיום 18 באוקטובר 1907:

"*באותו רגע בו ניהול השלטון עובר לידיים של הכובש, על זה לנקוט בכל האמצעים על מנת לחדש ולהבטיח, בגבולות האפשר, הסדר הציבורי והבטחון, תוך כיבוד – אלא אם זה לא מתאפשר לו – של החוקים התקפים במדינה הכבושה*."

למעשה, הסעיף הנ"ל מאשר פשיטה ישראלית בעזה וגם חידוש ושמירה של הסדר הציבורי ובטחון התושבים. מי שידרוש בין היתר את הפלת *חמאס*, שבשטחים אלו אין לו שום לגיטימיות, לא יכול - על בסיס הסכמי אוסלו – לצבור נשק ותחמושת ועוד פחות לתקוף מישהו?

בין היתר, יש לקחת בחשבון שהרוב הגדול של ההתנחלויות נבנו בשטחים לא מאוכלסים וגם כשהתנחלו בערים ערביות אף לא פלסטינאי אחד גורש מביתו.

חשוב להבהיר: מדובר בכל מקרה של "כיבוש" על הרבה פחות מ-2% של כל השטחים שבמחלוקת.

בראיון לעיתון *הארץ*, סאיב עריקאת, המוציא לפועל במדיניות חוץ של הנשיא הפלסטינאי מחמוד עבאס, אישר שאחוז השטח של *הגדה המערבית* עליו יושבות ההתנחלויות הוא רק 1,1%!!
לאן, לאן נגיע אלוהים......

לא פחות חשוב לציין שקרוב ל-70,80% של המתנחלים יושב בקרבת הערים הגדולות הישראליות כגון ירושלים ותל אביב, במטרה להבטיח את בטחון ישראל,

ובכך להשיג רוב באזורים שהם זירה של התנגשויות חמורות כגון הגדה המערבית והכביש המחבר בין תל אביב לירושלים.

האם נכון הדבר שבהחלטה 242 של האו"ם מזרח ירושלים נחשב "שטח כבוש"? אחד היוזמים של החלטה זו, ארתור גולדברג, שגריר ארה"ב לאו"ם הבהיר בנושא: *"החלטת 242 לא מתייחסת בשום צורה לירושלים והשמטה זו היא מכוונת... ירושלים הייתה עניין מאוד חשוב, ללא קשר עם הגדה המערבית".*

לכן, בהחלטה הנ"ל מתגבשת העובדה שלא ניתן לספח שטח באמצעות מלחמה, כלומר כשפותחים במלחמה וברור לחלוטין שרוצים למנוע ממי שיפתח במלחמה לספח את השטחים הכבושים.

אם נחשוב *הפוך*, מה יש להפסיד למדינה שתתקוף מדינה אחרת, כפי שעשו תמיד הערבים, אם היא לא מסתכנת לפחות באיבוד (גם אם לא מלא) של חלק משטחה? ההחלטה גם דורשת *"נסיגת הכוחות המזויינים הישראליים משטחים שנכבשו במלחמה האחרונה"*: אבל זאת בדיוק הנקודה. מועצת הביטחון לא קבעה בשום מקום שישראל חייבת לסגת מ*"כל"* השטחים שנכבשו במלחמת ששת הימים, צ?ינה פשוט *"משטחים כבושים".*

העובדה שלא נאמר *"כל השטחים"* מוכיחה שישראל לא חייבת לסגת מכל השטחים. אפילו הנציג הסובייטי הדגיש, באותו זמן, שבלי לציין *"כל השטחים"* מתפרש שחלק משטחים אלו יוכלו להישאר בידיים ישראליות. חוץ מזה, למה מדינות ערב דרשו הערה זו והכריזו שעבורן הכוונה היא *"מכל השטחים"* אם הפרוש הוא לא זה שהוסבר לעיל?

נוסיף על כך שישראל נסוגה מ‏-91% של השטחים כשהחזירה למצרים את חצי האי העצום סיני (קרוב ל‏-60.000 קמ"ר, יותר מכפול שטח ישראל), על מנת ליצור אזור חיץ בין מצרים וישראל. כל זה כשלוקחים בחשבון שגבולות 1967 – חשוב לציין זאת – לא היו אף פעם גבול בינלאומי מוכר.

אף מדינה, למיטב ידיעתנו, לא נסוגה אף פעם משטחים שנכבשו במלחמה. מקרה *יחיד*, ישראל.

תוכנית החלוקה של האומות המאוחדות עבור פלסטין משנת 1947 – בהיותה רק *המלצה*– לא באה במקום המנדט הבריטי כי *הוועד הערבי הפלסטינאי העליון*, והמדינות השייכות לליגה הערבית, לא קיבלו אותה אף פעם. אכן, סעיף 80 של מגילת האומות המאוחדות מכיר באופן מרומז *"המנדט לפלסטין"* של חבר האומות.

לכל זה יש *"מטריה משפטית"*: בית הדין הבינלאומי לצדק אישר את תוקף סעיף 80 שהוזכר לעיל בשלוש החלטות נפרדות: בחוות דעת מייעצות של 11 ליולי 1950, של 21 ליוני 1971 ושל 9 ליולי 2004.

האם אי השגת השלום זו אשמה *של* ישראל? ב‏-1937 הערבים דחו את *הדו"ח* של *וועדת PEEL* שהציגה את הפתרון של שתי מדינות לשני עמים; ב‏-1947 דחו את

תוכנית החלוקה של האומות המאוחדות; ב-1993 ישראל חתמה על הסכמי אוסלו וכיבדה אותם תוך כדי מתן הניהול האזרחי של שטחי A ו-B בגדה המערבית *לרשות הפלסטינאית* (לשעבר אש"ף); ב-2010 ראש הממשלה נתניהו הכריז שהוא מוכן למשא ומתן – ללא תנאים מוקדמים – על מנת סוף סוף ליצור גם מדינה פלסטינאית אך מהצד השני הוצגו פעם אחר פעם תנאים בלתי קבילים. אז קרה שדניס רוס, המתווך האמריקאי לשיחות השלום, הכריז:

"ערפאת אינו מעוניין בסוף הסכסוך כי זה בעצם יהיה הסוף שלו".

וזאת האמת לאשורה; לפלסטינאים יש רק מה להפסיד, החל משורת המנהיגים שלהם, מעצמאות אפשרית. ראשית כי אז יצטרכו לעבוד כדי לנהל את עצמם ושנית כי יאבדו חלק גדול מהסיוע שהקהילה הבינלאומית ממטירה עליהם (11 מיליארד דולר לשנה).

טירלול נוסף שלצערי עדיין הרבה (יותר מדי) מאמינים לו הוא שההתנחלויות הן מכשול לשלום.

האומנם? בתקופה שבין 1949 ל-1967 לא היו יהודים בגדה המערבית אך אף פעם לא דיברו על שלום. משנת 1967 ועד 1977 ממשלת השמאל הסכימה רק למספר מצומצם של התנחלויות אסטרטגיות אך עדיין שום הסכם.

לעומת זאת, ב-1977, לאחר שממשלת הימין החליטה להגדיל את מספר ההתנחלויות – אם נתעלם מהנסיגה מסיני

בה ההתנחלויות פורקו – לנשיא המצרי סאדאת לא היתה בעיה לחתום על הסכם שלום עם ישראל. בין יוני 1992 ויוני 1996, תחת ממשלת השמאל, מספר ההתנחלויות גדל בקרוב ל-50% ובכל זאת הפלסטינאים חתמו על הסכמי אוסלו בחודש ספטמבר 1993 והסכמי אוסלו 2 בחודש ספטמבר 1995. בו בזמן, ב-1994, ירדן שמה קץ לסכסוך עם ישראל – לצמיתות – מבלי שההתנחלויות, עדיין עומדות על תילן, יהוו בעיה. בשנת 2000 ראש הממשלה אהוד ברק הציע לאש"ף את השליטה המלאה על 98% מהגדה המערבית, פרוזדור לכיוון עזה ועיר בירה בחלק המזרחי של ירושלים, בנוסף להכרה חלקית בזכות השיבה של הפליטים; ערפאת השיב לא. ב-2005 ראש הממשלה שרון רצה עוד פעם אחת לתת דוגמא של רצון טוב כשהחליט על ההתנתקות מעזה – בין היתר תוך שימוש בכח מפוקפק – תוך גירוש המתנחלים מבתיהם ברצועה; מנגד הפלסטינאים הסמיכו את *חמאס* להמטיר כעשרת אלפים טילים על דרום ישראל. כולנו יודעים מה יתרחש אם ישראל רק תחשוב על נסיגה מלאה, ללא שלום, מהשטחים "הכבושים" *בגדה המערבית.*

ב-2008 ראש הממשלה אהודאולמרט הציג תוכנית שלום כמעט זהה לזאת של שנת 2000 אך הצד השני – כרגיל – סירב.

לסיכום, הסירובים הערבים, תמיד בלתי אחראיים, קרו בסדר כרונולוגי ב-1937, 1947, 1967, 2000, 2001, 2008 ו-2012.

ומה נגיד לגבי הגישה ההפוכה של ישראל והערבים על חלוקת האדמות באזורים שבמחלוקת? ב-2002 בית הדין הגבוה לצדק התריע בפני הממשלה שהמדינה לא תוכל להקציב אדמות על בסיס דתי או לאומי ובכך אי אפשר היה למנוע מערבים לחיות לפי בחירתם. לעומת זאת, ב-1996, המופתי של *הרשות הפלסטינאית* איקרימה סברי הכריז על *פאתווה* של ממש האוסרת על ערבים מכירת קרקעות ליהודים פן יוטל עליהם עונש מוות. ובפועל, לפחות שבעה *"מוכרי קרקעות"* הוצאו להורג רק באותה שנה. ב-5 למאי 1997 שר המשפטים של הרשות הפלסטינאית פריח' אבו מדין, ציווה בפועל גזר דין מוות גם על מי שדרש או ניסה לשכנע אחר להעביר אפילו ס"מ אחד לישראל; כהוכחה לכך ב-1998 פלסטינאי שרק נחשד בפעולה כזאת הוצא להורג. היו עוד מעצרים *של מוכרים חשודים שעברו על החוק הירדני האוסר למכור קרקעות בגדה המערבית* לזרים. להוכחת הדמוקרטיה הישראלית בחודש מאי 2012 *הכנסת* דחתה הצעת חוק של ח"כ מירי רגב *מהליכוד* להחלת הריבונות הישראלית על יהודה ושומרון.

בואו וניגש לנתונים היבשים, ולכן לא ניתנים לערעור ע"י אותם מפיצים של *פייק ניוז*, על תנאי המחיה באזורים האלו. בין 1967 וראשית שנות ה-80 ההכנסה לנפש ברצועת עזה קפצה מ-80 ל-1.700 דולר כאשר בגדה המערבית התוצר הלאומי הגולמי השליש את עצמו, מספר המכוניות גדל פי 10, מספר הטלפונים פי שש וזה של הטרקטורים פי תשע. ב-1967 18% בלבד מהבתים בעזה היו מחוברים לחשמל: ב-1981 אלה היו כבר 89%. איזה *אפרטהייד* משונה....

בין השנים 1968 ו-1978 היה התוצר הלאומי הגולמי הממוצע בגדה המערבית 12,9% לשנה וברצועת עזה 12,1%. רק לחשוב שבישראל עצמה היה פחות, רק 5,5%.

מה עוד יש לדעת על הערבים החיים בעזה ובגדה המערבית? לפי ארגון הבריאות העולמי מעל לרבע של הפלסטינאים נחשב שמן מאוד: תוצאה של *"האימפריאליזם הישראלי"*! העיתונאי הישראלי בן דרור ימיני גילה שתוחלת החיים של הפלסטינאים החיים בעזה ובגדה המערבית עומדת היום על 76 שנים (הממוצע העולמי עומד על 72 שנים); ב-1967 זה עמד על 48,7 שנים. בשטחים אלו תמותת הילדים היא הנמוכה ביותר במזרח התיכון (13 לאלף והיא בירידה מתמדת), האחוז הגבוה ביותר של בוגרי אוניברסיטה בעולם הערבי (49% מהאוכלוסיה לומד בבתי ספר). לפי מפקד האוכלוסין הישראלי ב-1967 אוכלוסיית הגדה המערבית מנתה 661.700 תושבים ורצועת עזה 354.000 תושבים. כיום, חיים בגדה המערבית 2.949.246 תושבים וברצועת עזה 1.957.062 תושבים. נחזור על זה, אוכלוסיית הגדה המערבית, תחת לאורה *הטיהור האתני של* ישראל, גדלה בקרוב ל-2,3 מיליון וברצועת עזה ב-1,6 מיליון.האם אתם ערים לכמות השקרים שמספרים לכם? וזה לא הסוף...

פרק 3 - אימפריאליזם פלסטינאי

. . . .

"פלסטי-נאצים"

עבור כל מי שחושב שמי הים מתוקים, השלג רותח והגשם יבש, התנועה הפלסטינאית היא בעלת אופי פוליטי שמאלני (אש"ף), ואפילו "מרקסיסטי" (החזית העממית לשחרור פלסטין). ובכן, ההפך הוא בדיוק הנכון.

האם במקרה אתם מכירים את חאג' אמין אל חוסייני? הוא היה *המופתי הגדול של ירושלים, מנהיג האחים המוסלמים*, ששהה בגרמניה מ-1941 ועד 1945.

הוא היווה דוגמא רעה מאוד לבאים אחריו ולא במקרה היה המנטור וגם הדוד (מצד האב) של יאסר ערפאת.

הפרופיל הנאצי-פשיסט פרו ערבי זכה לרגעי תהילה כאשר מוסוליני בעצמו התחזה למגן הערבים וקיבל ב-18 למרץ 1937 בטריפולי את חרב האיסלאם לאחר שמתח ביקורת חריפה על התיישבות היהודים בפלסטין. בנוסף, באיגרת רשמית ששלח שר החוץ הפשיסטי האיטלקי צ'יאנו הידוע בעמדותיו הפרו ערביות למופתי *הגדול* ב-28 לאפריל 1942, ניתן אישור לבני הברית הערבים שאיטליה תעשה את הכל על מנת לבטל את *"הבית הלאומי היהודי"*. לחיזוק דברים אלו ב-10 לספטמבר 1936 ו-15 ליוני 1938 קיבל *המופתי הגדול* 138.000 לירות סטרלינג מאיטליה.

ומה עם הנאצים עצמם? גם הם לא טמנו את ידם בצלחת. המזרחן ברנרד לואיס הסביר מדוע היו כל כך נחושים נגד הקמת מדינת ישראל:

"לפי תאוריית הגזע רק לארים הגיע להנות ממריבונות פוליטית כי רק הם היו מסוגלים לממש אותה. ליהודים היו חסרים יצירתיות ואידיאליזם הנחוצים להקמה ולהשרדות של מדינה".

ב-*Main Kampf* היטלר התנבא:

"כשהציונות מנסה להסביר לכל העולם שהמצפון הלאומי היהודי ימצא את הנחלה בהקמת מדינה פלסטינאית...היהודים... מטרתם היחידה היא להעביר לשם את המרכז האופרטיבי של הישג הפקה פקה שלהם".

בחודש נובמבר 1941 המופתי נפגש עם היטלר שאישר לו אישית ש:

"גרמניה מתנגדת לבית לאומי יהודי בפלסטין... גרמניה תספק כל סיוע הנחוץ לערבים הנלחמים אותה מלחמה... מטרת גרמניה היא רק הרס המהות היהודית השוהה בעולם הערבי...מאותו רגע המופתי יהפוך לדובר החשוב ביותר של העולם הערבי".

ב-2 לנובמבר 1943 היינריך הימלר שלח מברק למופתי הגדול בזו הלשון:

"המפלגה הנאציונלסוציאליסטית של הרייך הגדול הגרמני....עקבהבאהדה אחרי מלחמת הערבים המונעת ע"י רוח החופש נגד הפולשים היהודים במיוחד בפלסטין".

מצידו גם שר החוץ הנאצי ריבנטרופ הבטיח, כפי שכבר עשה קודם לכן שר החוץ האיטלקי צ'יאנו, ש-:

"גרמניה מוכנה לתת כל סיוע למדינות ערב המדוכאות כדי להגשים מטרותיהם הלאומיות, העצמאות, הריבונות והריסת 'הבית הלאומי היהודי' בפלסטין".

בכרונולוגיה של אימה, בראשון למרץ 1944 *הפיהרר* הסית לגרש את היהודים בשידור רדיו אנטישמי חריף ביותר:

"ערבים, קומו והילחמו על זכויותיכם הקדושות! הרגו את כל היהודים שתמצאו!"

במשך משפטו של אייכמן, שהתקיים בירושלים ב-1961, התובע הכללי גדעון האוזנר הציג מסמכים המעידים על הפגישה שהתקיימה בתחילת 1942, בה המופתי הסביר לאייכמן את *"הפתרון הסופי"*. אך גם קודם לכן, במשפטי נירנברג, אחד העדים אישר שהמופתי פגש אישית את אדולף אייכמן במחנה אושוויץ ובנבזות קרא לשומרים במקום להגביר את השימוש בתאי הגזים".

שוב המופתי, ישירות מהמיקרופונים של רדיו ברלין, הודיע בחודש נובמבר 1944:

"לכל הערבים: ממשלת גרמניה מסכימה להקמתה של יחידה צבאית ערבית שתלחם בבריגאדה היהודית בפלסטין".

ב-1945 יוגוסלביה התכוונה להאשים את המופתי בפשעי מלחמה על כך שגייס 20.000 מתנדבים מוסלמים שסייעו לכוחות הס.ס. להוציא להורג יהודים בקרואטיה והונגריה; זה היה ביזיון לאפשר לו להימלט מצרפת ב-1946 כדי לעבוד עבור הפלסטינאים, קודם בקהיר ומאוחר יותר בביירות.

נכון להיום שום דבר לא השתנה.

השיך חסאן נסראללה, מנהיג *החיזבאללה* הלבנונית וקרוב לאידאולוגיה נאצית, הגדיר, בטובו כי רב, את מכחיש השואה דייויד איירווינג *"כאדם אמיץ קורבן הציונים"* שהסה"כ *הגן על דעה מדעית בעלת אופי היסטורי כשהכחיש את קיום תאי הגזים במחנות הנאצים".*

היורש, לפי צוואה, של אדולף היטלר ויוסף גבלס, היה ,Francois Genoud בעצמו נאצי, בנקאי שווייצרי ידוע, שגוייס מאוחר יותר ע"י הפלסטינאים. אוצר המלחמה של *הרייך* נוצל כדי לממן מחבלים פלסטינאים, עם דגש כביכול על "מרקסיסטים-לניניסטים" של החזית העממית לשחרור פלסטין, הוא היה חבר קרוב מאוד *של מייסד* האירגון, ג'ורג' חבאש, *ומייסד ספטמבר השחור* עלי חסאן סלאמה. Genoud עצמו, כשעמד למות, אישר בפני עיתונאי צרפתי Pierre Pean שהיה מעורב בשנת 1972 בחטיפת מטוס *לופטהנזה* בטיסה 649 ע"י פלסטינאים.

ב-1959 הקים את *"האגודה הבינלאומית של ידידי העולם הערבי"* ומאוחר יותר עבר ללוזאן, שם פתח את הבנק הערבי למסחר יחד עם הסורי זוהיר מרדם בי. מדובר היה בגוף בינלאומי (נאו-נאצי כמובן) שאירגן מחנות אימון לפלסטינאים בהרי

הפירנאים בספרד ובמחוז אלטו אדיג'ה האיטלקי. לדוגמא, המחנה Malta Croun היה מנוהל ע"י התנועה האיטלקית החוץ פרלמנטרית (Avanguardia Nazionale (AN כדי "לגבש את הנוער הפלסטינאי".

ב-5 וב-6 לאפריל 1969 התקיימה בברצלונה האסיפה העשירית של הנאצים מהסדר האירופי החדש (NOE), שהוקמה בצירוף ע"י "הצרפתי" Rene Binet ובראשה עמד השווייצרי Gaston-Armand Amaudruz, גם הוא קרוב ל-Genoud.

בברצלונה נכחו גם הצירים הצבאיים של אל-פתח, חבר באש"ף של יאסר ערפאת.

כבר בשנת 1970 פעילים נאו-נאצים שהו במחנות פלסטינאים בלבנון תל אל-זעתר וביר חסאן. שם אש"ף גייס פעילים נאו-נאצים גרמנים, כמו למשל 20 חברים של הקבוצה הנאו-נאצית Wehrsportgruppe (קבוצה ספורט/צבאית) שהוקמה ב-1973 ע"י Kark-Heinz Hoffmann. היה זה Udo Albrecht – פושע גרמני שלחם לצד המחבלים הפלסטינאים בספטמבר השחור בירדן כשעמד בראש מיליציה נאו-פשיסטית בשם Freikorps Adolf Hitler – שהביא אותו לאש"ף.

ב-2012 ה-Der Spiegel פירסם ששני נאו-נאצים גרמנים, Willi Pohl ו-Max Abramowski, סייעו לספטמבר השחור בטבח של אולימפיאדת מינכן 1972 בהסעת המחבלים והשגת דרכונים עבורם.

ב-1969 אש"ף גייס גם Erich Altern, האחראי על מחלקת עניינים יהודים של הגסטפו בגליציה שאחרי שהתאסלם בחר בשם "עלי בלה" ובמצרים, בשנות ה-50, ניהל את הלוחמים הפלסטינאים.

האם זה הכל? לא ולא!

אש"ף גייס גם את Willy Berner, למעשה איש ה-ס.ס. ממחנה ההשמדה Mauthausen; היה עוד נאצי אחד, Johann Schuller, שסיפק נשק לאש"ף. עוד נאו-נאצי בלגי, Karl van der Put, גייס מתנדבים לאירגון הפלסטינאי. עוד בלגי אחד בשם Jean Thiriart, מזכיר האירגון הנאצי La Nation Europeenne, היה מקבל שכר מאש"ף. עוד חבר באירגון, Otto Albrecht, נעצר בגרמניה כשעליו מסמכים של אש"ף לאחר שהפלסטינאים עצמם העבירו לו מעל למיליון דולר לרכישת נשק.

היחסים עם הנאו-נאצים היו תמיד קרובים מאוד; הייתי אומר ששני הצדדים היו (ועודם) בעצם מקשה אחת.

בין השנים 1945 ו-1958 קרוב לעשרים אלף חברים בהיררכיות הנאציות מצאו מקלט לרוב בסוריה ומצרים. דוגמא לכך היא המרצה הצרפתי Saint-Loup (ששמו האמיתי אבל היה Marc Augier), קצין פוליטי לשעבר של דיוויזית קרל הגדול של ה-SS, ששוחרר לדפוס ספר בעל הכותרת הסמלית "פלסטין תנצח". בנוסף היה גם Wilhelm Boerner, (שאימץ את השם עלי בן קשיר) שהיה ה-SS Untersturmfuhrer, שומר לשעבר במחנה Mauthausen. היה עוד פקיד של משרד הפנים המצרי, Karl

Luder, מדריך של החזית לשחרור פלסטין, לשעבר מנהל של *Hitlerjugend* ואחראי של פשעים אנטישמים בפולין. בחודש נובמבר 1967 ה- *,Der Neue Aufbruch* היירחון שלהארגון הנאונאצי *Bund Heimattreuer Jugend* (נוער נאמן למולדת), פרסם הספד מגעיל לזיכרו של Karl van Kynast: *"קצין מילואים של Bundeswehr, סרן בגייסות של הרפובליקה הערבית המאוחדת, שנפל בחזית סואץ ב-12 לספטמבר 1967".*
כזה איש טוב היה...

Leopold Gleim, מאוד ידוע כראש *הגסטאפו* בפולין, אימץ את השם עלי אל נהר כאשר נבחר ע"י הדיקטטור המצרי נאצר; Oskar Dirlewanger, רוצח של עשרות אלפי יהודים באוקראינה הפך לא פחות ולא יותר שומר ראשו. עוד דוקטור מנגלה בדכאו היה הדוקטור Heinrich Willerman שניהל *"מחנה סמארה"* במצרים. בקהיר חי גם Carl Debouche שאחר לא היה אלא Hans Eisele, כלומר עוד רופא רוצח בדכאו שהיה נותן לאסירים למות לאט לאט לאחר הזרקות ציאניד או, לחילופין, היה מנסה עליהם אפומורפין כדי לנתח את השפעות של ההקאות.

Kurt Baurnann, המחסל בגטו וורשה, הועסק ע"י משרד המלחמה בקהיר ואימן הפלסטינאים במזרח התיכון. לראש *הגסטאפו* בדיסלדורף, Joachim Daemling, נתנו את התפקיד לארגן מחדש את המשטרה ומערך בתי הכלא המצריים.

Walter Rauff, הידוע לשמצה בשל מה שקראו "משאיות הגז" שבעזרתן הושמדו קרוב למאה אלף יהודים, חשב להשלים את *מלאכתו* ב-1948 בדמשק.

אך לא נשכח גם את האחרים שהתאסלמו כמו Wilhelm Boeckler (עבד אל קארים), לשעבר קצין *הגסטאפו* ואחראי על שרות המודיעין המצרי, איש ה-SSWilhel Berner שאימן *את הפידאיון* הפלסטינאים, איש ה-SSGruppenfuhrer Alois Moser (חסן סולייימן) *שהיה* מדריך צבאי, ראש שומרי הראש של היטלר Ludwig Heiden (אל חאג') שתרגם לערבית את Heinrich Sellman, *Mein Kampf* (מוחמד סולייימן), בכיר *בגסטאפו* באולם ולסיום... ה-SS לשעבר *Sturmbannfuhrer* Walter Balmann (עלי בן כאדר).

אך הנאונאצי הפעיל ביותר במצרים היה פושע פושע המלחמה Johann von Leers לשעבר אלוף משנה של ה-SS ומנהל של NSDAP (המפלגה הנאצית שהחלה כמפלגת הפועלים הגרמנים).

בשנות ה-50 המופתי של ירושלים, חג' אמין אל חוסייני, קיבל אותו, לאור קורות חייו *המפוארים*, בזרועות פתוחות באלו המילים:
"מודים לך על שהעזת להילחם נגד כוחות החושך המתגלמים ביהדות העולם".
Von Leers התאסלם והפך לעומר אמין וון לירס. יועץ מדיני במחלקת ההסברה של קהיר, שנבחר כדי לנצל את *התמחותו* כשותף סוד *של* יוסף גבלס, ולמעשה עמד בראש התעמולה אנטי יהודית *במכון מחקר על הציונות.* הפרח האמיתי בשדה קוצים

הזה ניהל וערך שידורים חשובים כגון *קול הערבים*, שידור הקאה שהפך ל-*cult* עבור המוסלמים. הנה מה שאהב מה-*Furher*:

"היטלר אהבתי את מאבקו נגד היהודים והעובדה שהשמיד כל כך הרבה מהם".

איזו נפש טהורה...

הפילוסוף היהודי Emil Fackenheim הזכיר מה חשב Von Leers:

"המדינות שמקנות מקלט ליהודים מקנות מקלט למגפה, וה-Reich יש לו את החובה המוסרית והזכות החוקית לכבוש מדינות אלו כדי להילחם ולעקור את המגפה מהשורש".

גם Otto Skorzeny, מפקד ה-SS ששחרר את מוסוליני מהשבי על הר ה- Gran Sasso, עבד עבור המודיעין של נאצר: הוא בעצמו נעזר בעוד חייל גרמני, Franz Buensch, פקיד במשרד התעמולה של גבלס ושל ה-Rsha של הימלר. בהרצאותיו הדוחות היה "מתגאה" בעבודתו לצד אייכמן למען הפתרון הסופי ובכתיבת ספרון מגעיל בכותרת *"מנהגים מיניים של היהודים".* הרב סרן Otto Ernst Remer, שחיסל את ניסיון ההתנקשות בהיטלר ב-20 ליולי 1944, התראיין ב-1993 בעיתון מצרי. לא זו בלבד שטען שמשרפות הגז היו *"שקר"* אלא השווה את התבוסה של גרמניה הנאצית לזו של הפלסטינאים, *שניהם קורבנות של היהודים, שניהם סבלו תחת הכיבוש".* עוד דוגמא של "פלסטין-נאציזם".

אבל רבים מהפלסטינאים עצמם היו נאצים; ב-1966 פורסמה הגרסה הערבית של *הפרוטוקולים של זיקני ציון,* שתורגמה ע"י שווקי עבד אל נאצר, אחיו של הנשיא נאצר.

עם כל ההקדמה הזאת, נראה לי עוד יותר אבסורדי לקרוא בספר *ש: Israel Lobby*

"ארגוני המחבלים שמאיימים על ישראל (כגון חמאס... חיזבללה) לא פוגעים בארצות הברית ולא מהווים איום על האינטרסים הבסיסים של אמריקה מבחינת ביטחון..." לכן *"לא כל המחבלים אותו דבר".*

במילים אחרות, מה איכפת לנו, האמריקאים, אם מחסלים יהודים?

אותם נאציונל סוציאליסטים בעולם הם פרו פלסטינאים. ב-1985, *הנאציסקין* הבריטי Michael Davison סייע לשני מחבלים של אש"ף להרוג שלושה ישראלים בלרנקה, קפריסין. August Kreis, חבר לשעבר בהרבה אירגונים מהגזעניים ביותר בארה"ב (Posse comitatus, KKK, Aryan Nation) דרש בכל כוחו עמוד שלם באתר האינטרנט של Aryan Nation מוקדשת לחמאס עם מילות השבח האלה:

"לכן אנחנו מריעים לפעולות של חמאס וחיזבללה".

מצד שני יספיק להיכנס לרשת כדי למצוא בגוגל תמונות של פלסטינאים המצדיעים במועל יד; למשל, הצילום הרשמי של מה שנקרא "לוחמי" *חיזבללה* בלבנון ביום הנופלים בביירות ב-11 לנובמבר 2001, צילום של אנשי *חמאס,* עד למשטרה הפלסטינאית של אל *פתח.*

ההצדעה במועל יד מביישה גם בתמונות של אנשי *חיזבללה* עם הדגל צהוב-ירוק או אלה של החזית לשחרור פלסטין (המרקסיסטי-לניניסטיים...) עם הדגל לבן, אדום וירוק, או סתם מיליציות לא ידועות עם *הכאפיה*.

אבל, גם בחזית הפשיסטית (באיטליה) רבים הם אלה פרו פלסטינאים. בולט, בין היתר, *Forza Nuova* (*כח חדש* –תנועה פוליטית אולטרה ימנית שהוקמה ב-1997 באיטליה) אשר הפיצה סרטון יוטיוב ב-20 למרץ 2011 תחת הכותרת *כח חדש* ופלסטין ובו "המזכיר הכללי" מצליח למנות, אחת אחרי השנייה, תערובת של שטויות היסטוריות שאין שוות להן. להלן כמה מהן: "*אנחנו מתמודדים עם חוסר צדק יומי ומתמשך כלפי הפלסטינאים*"בכך שמדינת ישראל מפעילה מין "*משכנתא גזענית וציונית*", כדי לסיים בהיפך של קרשנדו של רוסיני:

כח חדש תמיד יהיה בעד הזכויות של העם הפלסטינאי ותמיד יהיה בעד ההגנה של האינטרסים של העם הזה שהקריבו אותו על מזבח הציונות שממשיכה להיות לוחמנית ומחרחרת מלחמות". ומי אומר את זה? *מעריצי מוסוליני*!

נזכיר את הסיסמה ההיסטורית של הנוער הפשיסטי משנות ה-70 וה-80, כלומר "*חבר פלסטינאי, אותם אידאלים, אותה מלחמה!*", אך בדקנו גם איך כרזות המפלגות של הימין הקיצוני, אלה עם אחוזי חסימה שואפים לאפס שניהלו את האסיפה הכללית שלהם בתוך תאי טלפון ציבוריים, התעדכנו בצורה עוד גרועה יותר.נזכיר זו של *כח חדש* עם הכיתוב "*תהלוכת פלסטין חופשית*" באירוע שהתקיים בהיכל הספורט ברומא ב-9 למרץ 2019, או באחד אחר ובו מיצג של ילדים על אלונקות תחת הכותרת "*ישראל טרוריסט*" והאשטאג *#רצח עם פלסטינאי*". בכרזה על קיר שלם מצאנו: "*ישראל טרוריסט עצור רצח העם בעזה*" (עד כדי כך!), ובעוד כרזה של מאבק הסטודנטים (שייך לכח חדש) קרא "*עצורו רצח העם בעזה פלסטין חופשית*". בעוד כרזה, גם היא של *כח חדש*, כתוב: "*ממשיכים לרצוח חפים מפשע, ישראל היא טרור*". התמונה המתלווה מראה אב רוכן על בנו שראשו מפוצץ אך למעשה זו הייתה בובה. *כח חדש* רומא הפיץ כרזה ובה אנטי ישראלי יורד מכיסא גלגלים, מיידה אבנים וברקע עוד מתפרעים עם דגל פלסטין והכיתוב – הפתיגו הייתי אומר –"*איטלקי קח דוגמא*". הסניף של טורינו פרש כרזה ענקית ובה כתוב "*הפצצות של הציונים לא עושות רעש*"; בסניף של פיאצ'נזה ענו "*להפסיק את הטבח בפלסטין*".

ועוד דוגמאות נמצא אצל *Movimento Sociale Fiamma tricolore* (עוד תנועה ימנית קיצונית) מהעיר רג'יו קלבריה עם הכרזה "*פלסטין חופשית*", או *Fascismo e liberta' – Partito socialista nazionale*, גם מרג'יו קלבריה, עם הכרזה: "*סולידריות עם פלסטין*"ועוד פליירים של התנועה *Vita est militia* עם הכותרת "*להחרים את ישראל. עזור לנו לבלום את הטבח של העם הפלסטינאי*". מומלץ גם לא...לפספס הכרזה של הקבוצה *Socialismo Nazionale* (הלוגו שלהם מזכיר מאוד צלב קרס) ועליה דגל ישראל עם הכיתוב שנראה לקוח ממי שזקוק לטיפול רפואי דחוף: "*דורשים את*

סגירת שגרירות ישראל באיטליה, נגד רצח העם המתבצע נגד הפלסטינאים והשטחים הכבושים שלהם".

ביוזמה אישית של Andrea Miscia, יועץ של CasaPound)תנועה נאופשיסטית איטלקית) בעיירה קטנה במחוז רומא (Sant'Oreste) דרש להחליף את דגל הלהט"בים בעירייה בדגל פלסטין.

ואני שואל את עצמי מה חושבים בשמאל או עוד יותר בשמאל הקיצוני כשהם שותפים ברעיונות פרו פלסטין עם התנועות החוץ פרלמנטריות מהימין הקיצוני.

למרות כל זאת, כדי להבין את האידאולוגיה של הפלסטינאים, אם יש למישהו עדיין ספקות, מספיק להביט בכנס "Mediterraneo Solidale" (אחדות ים תיכונית), יוזמה של תנועה לא ממשלתית מהימין הקיצוני 'Solidarite' Identite,הנתמכת ע"י Casa Pound, Primato Nazionaleשנערך ברומא עם ההשתתפות של שני בכירי התנועה השיעית לבנונית חיזבללה, והם רימה פכרי, חבר במועצה הפוליטית של התנועה האיסלמית, ועמר אל מוסאווי, ממונה על היחסים הבנלאומיים של חיזבללה. כך פנה האחרון למארגני הכנס:

"...אינני מוצא ממש שום מרחק בינינו לביניכם..."

מה להוסיף? שיהיה במזל טוב.

גם המוח החריף ביותר של הימין הרדיקלי האיטלקי – אך בעל אידאולוגיה סוטה ודוחה – כמו זה של Franco (Giorgio) Freda לא חסך מאיתנו את הדברים הבאים כבר ב-1985: *"אני פרו ערבי"; "יהדות... ציונות... הן רעות הניתנות לשינוי....דברים חולפים" של "ניוון האנושי"* ואתם מוזמנים לבקר *"במחנות ההשמדה"* (כן, כן) *"בסברה ושתילה"* כדוגמא *"לטבח של התושבים הפלסטינאים שהחל בדיר יאסין ונסר אדין ב-1948".*

כמעט שכחתי את הכרזה של Maurizio Boccacci, פשיסט אנטישמי ידוע: *"ישראל אף פעם לא היתה קיימת, לרצועת האדמה ההיא קוראים פלסטין".*

דבר מסקרן: מאז 1942 קיימת *המפלגה הנאציונלסוציאליסטית סורית* בלבנון, סוריה, ירדן, עירק ופלסטין (עם הסמל הקרוי Zawbaa, קרוב מאוד לצלב קרס בצבע אדום על רקע לבן ועיגול שחור). זה למעשה הארגון הפוליטי הגדול ביותר בסוריה אחרי *הבעת'*, עם יותר מ-100.000 חברים שנלחמים, במקרה, נגד מי? ישראל! האפרטהייד האנטי ישראלי

עם מפלצות כאלה כמורי דרך לא יכולנו שלא לקבל אידאולוגיה פל-נאציפשיסטית.לעבאס בחודש דצמבר 2010 (רעיון עליו חזר בעקשנות ב-2013) היתה החוצפה לומר:

"לעולם לא אכיר במדינה יהודית, לא היום ולא בעוד אלף שנים" והוסיף *"בפלסטין עצמאית עם ירושלים כבירה לא יהיה מקום לאף ישראלי".*

ושיהיה ברור, לא התכוון לחיילים אלא לאזרחים פשוטים. אותם הדברים נאמרו ע"י שגריר אש"ף בארה"ב, Maen Areika, ב-13 לספטמבר 2011. בצדק, ראש הממשלה נתניהו שאל: *"אם 20% מתושבי ישראל הם ערבים, מדוע לא יוכל אף ישראלי לחיות אצלכם?"* על כך אנחנו נענה: לישראלים הכניסה אסורה בעיראק, כווית, לבנון, איראן, לוב, פקיסטן, סעודיה, סודן, סוריה, תימן, אלג'יריה, בנגלאדש, ברונאי, מלזיה ועומן. אבל הלוואי זה היה מסתכם בלאסור הכניסה; המטרה שלהם זה להרוג אותם, לא משנה איפה יהיו.

האדון עבאס, סגנו של ערפאת באש"ף וממקימי אל- *פתח*, העניק "מדליית זיכרון" לאם שלושת מחבלים פלסטינאים, שאחד מהם נהרג בפיגוע התאבדות ב-2002 בו נהרגו 5 ישראלים. ב-3 לפברואר 2016 הביע כך את הערכתו למשפחות 11 מחבלים: *הבנים שלכם הם שהידים"*.

ב-2003 ראש המחבלים התגלה גם כמכחיש שואה: *"יש מי שכתב שהיו 12 מיליון ומי שרק 800 אלף. אין לי עניין להיכנס אל עובי הקורה"*.

זאת לא הייתה הפעם הראשונה שלו, מאחר וכבר ב-1982 במוסקבה, בעבודת הדוקטורט שלו הדגיש את הטירוף הזה:

"...לאחר המלחמה הוכרז שבין הקורבנות היו שישה מיליון יהודים ושהההשמדה כוונה תחילה נגדם ובשלב שני נגד עמים אירופים אחרים. האמת היא שאף אחד לא יכול לאמת את המספר הזה וגם לא להכחיש אותו לגמרי".

"המתון" עבאס, יש לזכור, הוא אותו אחד שנגדו הוצאו שני צווי מעצר בינלאומיים, אחד באיטליה והשני בארה"ב בגין אחריותו בחטיפת האוניה Achille Lauro ב-7 לאוקטובר 1985 בה נרצח היהודי האמריקאי המרותק לכיסא גלגלים Leon Klinghoffer. בפברואר 2008 התגאה ללא בושה כך: *"היה לי הכבוד להיות זה שירה את היירייה הראשונה ב-1965"*. נהג להדגיש עוד ועוד שהינו גאה שהדריך את אנשי *חיזבללה*, ויתר המחבלים לעתיד, במחנות הדרכה מיוחדים. ב-2010 הכריז שהטבח באולימפיאדת מינכן ב-1972 היה יצירת מופת של התנגדות למטרה נכונה, ושעבורו *"היהודים העזו להניח את רגליהם המלוכלכות על אבני רחבת אל-אקצה"*. אולי הוא הריח אותן...

אבל, למען האמת, הוא לא לבד: ב-29 בנובמבר 2000 הפרופסור להיסטוריה באוניברסיטת עזה, עיזאם סיסלים, הוסיף: *"אין לא דכאו, לא חלמנו ולא אושוויץ"*.

ומה נאמר על השופט (!) האיסלמי, שיך תייסר טאמיני של הרשות הפלסטינאית שעבר עוד יותר את הגבול באמירה: *"איפה שהיטלר נכשל, אנחנו מוכרחים להצליח"*.

מנהל המרכז הפלסטינאי למחקר אסטראטגי, אמין דאבור, הוסיף על כך: *"המספר הנקוב (ששת המיליונים) של הרוגים יהודים (בשואה) זו רק תעמולה טהורה"*.

האימם המצרי בשם מחמוד אל-מסרי, המופיע לעיתים קרובות בשידורי הטלוויזיה המצרית Al-Nas TV, הוא מפיץ *"האמת"* של הפרוטוקולים של זיקני ציון.

נוסיף לכל זה גם סרטון של הנשיא המצרי מורסי משנת 2010 בו הוא טוען שעבורו היהודים הם *"בני קופים וחזירים"*.

אל לנו להיות מופתעים אם כך שיש כל כך הרבה מחבלים ושאבו מאזן, ברגע שקיבל מהנשיא ב, יידן 42.000 דולר, מייד העביר אותם למשפחת מחבל שבפיגוע רצח שני אנשים ופצע עוד שניים, אחד מהם ילד בן שנתיים.

הרשות הפלסטינאית מלינה על כך שמצבה הכלכלי *בגדה המערבית* בכי רע אך היא מעבירה בין 3 ל-7 מיליון דולר, כפיצוי וכפרס למחבלים ומשפחותיהם.

להלן ההטבות להן זכאיםהמחבלים, באופן כללי: מי שנדון ל-3 עד 5 שנים מקבל 500 יורו לחודש; מ-20 עד 35 שנים יקבל 2400 יורו. אם המחבל נשוי יקבל תוספת של 75 יורו; אם הוא אב לילדים יקבל עוד 15 יורו על כל ילד; אם הוא תושב מזרח ירושלים יקבל 75 יורו נוספים ואם הוא אזרח ישראלי יתווספו לו עוד 120 יורו.

גם ערב הסעודית והנסיך עבדוללה ממנים את המחבלים במאות מיליוני דולרים; הם אפילו המציאו מין *שירותרום* עבור "הקורבנות" הפלסטינאים. גם ה- IIRO (*International Islamic Relief Organisation*) ממן את *חמאס* בשטחים,בנוסף למחבלים הבודדים ומשפחותיהם. באופן אירוני מחמוד עבאס התלונן, בסתר, אצל הסעודים על כך שהנסיך נאייף מימן את *"יריביו בחמאס*.

ב-2003 פורסם שקרוב ל-60% *של תקציב חמאסהגיע* ישירות מערב הסעודית, בנוסף לתרומות מחו"ל גם ממקורות מערביים, אפילו מארה"ב. קבוצות כדורגל וגם בתי ספר אפילו נקראו על שם מחבלים.

מאז ומתמיד הפלסטינאים מספרים דברים לא אמינים ודחויים; הסמל של הלאומיות הערבית, ג'אמל עבדל נאצר, אמר את הדברים הבאים לעיתונאי גרמני: *"אף לא אחד, תמים ככל שיהיה, לא מאמין ברצינות לשקר לפיו הושמדו שישה מיליון יהודים"*.

משנת 2008 שודר בהצלחה רבה בערוץ הילדים של הטלוויזיה של *חמאסהמיקי* מאוס הפרו-פלסטיני *פארפור* שהיה קורא לביצוע פיגועים נגד היהודים. בפרק מחודש יוני 2007 *פארפור* הוכה למוות על ידי חייל ישראלי תוך כדי.... הגנה על מסגד אל-*אקצה*. ואז הופיעה ילדה בת 3 שתקפה: *"אנחנו לא אוהבים את היהודים כי הם כלבים. נלחם בהם*? ואז הוכנסה לסדרה דמות חדשה, דבורהבשם נאהול, שמתה כמה פרקים מאוחר יותר (ערוץ הילדים, לא לשכוח) כי *"המצור הישראלי"* לא איפשר את אישפוזה בבית חולים. בפברואר 2008 לאחר *מות של* הבובה *פארפור*,כפי שסיפרנו,בתוכנית לילדים *"חלוצי המחר"* בטלוויזיה של *חמאס* ברצועת עזה מופיעה דמות חדשה של ארנב גדול בשם אסוד שמתבשר על מות האח נאהול *"כשאהיד"* והמגישה הצעירה שרה מבטיחה לו: *"אנחנו נשחרר את מסגד אל-אקצה מהזוהמה של הציונים"*.

אסוד טוען: *"אני אסוד אנקה את כל השטח מיהודים ואטרוף אותם, אם ירצה אללה"* ולילדה הוא מודיע: *"היהודים הם בין היצורים הרעים ביותר, קופים ברברים, חזירים אומללים"*. איזה תאור מרהיב....

בערוץ של *חמאס*, אל-אקצה *TV*, ב-18 לאפריל 2008 התלהמו שהשואה הייתה בעצם, *"קונספירציה ציונית כדי להתפטר מיהודים נכים או בעלי מוגבלויות"* על מנת למשוך את האהדה של העולם *"כדי ליצור את הרושם שהיהודים נרדפים"*.

גם בערוץ *ממרי TV*, אירגון שמתרגם לאנגלית את כלי התקשורת הערביים ומוסלמים, היו מרשים לילדים תמימים לומר משפטים כמו *"אני יורה נגד היהודים"* או *"היהודים והנוצרים הם נחותים"*.

מה לנו כי נלין על ילדים אם המבוגרים, גם בטלוויזיה, מתבטאים אפילו גרוע יותר?

בראיון לטלוויזיה אל-*אקצה* ב-9 לאפריל 2008 שר התרבות של *חמאס*, עאטללה אבו אל-סובח, התלהם: *"הפרוטוקולים של זיקני ציון מהווים האמונה שכל יהודי נושא בליבו"*.

ממרי TV שידר לפלסטינאים ב-27 ליולי 2010 את הדברים ההזויים הבאים:

"אהובים יקרים, מסגד אל-אקצה נמצא תחת מתקפה חריפה של ייהוד וזיהום בידי היצורים המלוכלכים ביותר שאללה יצר: היהודים. [...] אנו עדים לכך שהאחים של הקופים ושל החזירים הורסים בתים על תושביהם, עוקרים עצים מאדמתם, הורגים נשים, ילדים וזקנים [...].

האמת, כפי שראינו ועוד נראה, היא בדיוק ההפך.

• • • •

נייר פלסטינאי.... מזמר

ניתן עכשיו למסמכים הרשמיים של האירגונים הפלסטינאים לדבר (חוקים בעיבוד טרוריסטי).

אמנת אש"ף משנת 1964 – וזו המעודכנת משנת 1968 ועד היום – מסמנת בשלווה מוחלטת שמטרת הארגון היא *"מחיקת מדינת ישראל מעל פני האדמה"*.

במכתב לנשיא האמריקאי קלינטון מיום 22 לינואר 1998, יאסר ערפאתהבטיח שהחלק ההוא יימחק. נחשו מה? עד עצם היום הזה המשפט שריר וקיים.

עם הצביעות שכל כך אופיינית לו, באותו יום שערפאת חתם על הצהרת הכוונות בבית הלבן ב-1993 תוך שימוש במילות של שלום, לטלוויזיה הירדנית הוא הצהיר כך:

"מאחר ואיננו מסוגלים לנצח את ישראל במלחמה, עלינו לעשות זאת בשלבים. ניקח את כל שטחי פלסטין שנצליח לקחת, ניצב שם את הריבונות, ומשם נפעל כדי להשיג עוד. כשהזמן יבשיל, נצטרף לעוד אומות ערב להתקפה הסופית נגד ישראל".

בלתי אמין, כרגיל.

אבלאיך נולד רשמית אש"ף? בינואר 1964 הליגה הערבית התכנסה בקהיר, תחת ניהולו של נאצר, כדי לדון על התאחדות יחידה של הפלסטינאים. ב-29 למאי של אותה שנה 422 נציגים של הקהילה הערבית פלסטינאית הקימו את אש"ף לצד כח מזויין והוא הצבא לשחרור פלסטין.

ומה הוא הסיפור שהרבה לא יודעים?

Ion Mihai Pacepa, ראש השרותים החשאיים של רומניה, ה-Securitate rumena, בספרו The Kremlin Legacy סיפר שב-1964, הוזמנו לישיבה משותפת עם ה-KGB במוסקבה כי *"היה צורך לדון מחדש על המאבק נגד ישראל, שנחשבה לבת ברית של המערב במסגרת המלחמה הקרה של אותן השנים".* ובדיוק שם נולדה ההמצאה של "עם פלסטינאי" ושל מאבק דמיוני של שחרור לאומי כפי שכבר קרה במצבים דומים בעולם בשנות ה-60 וה-70, תמיד ביוזמה של ברית המועצות.

ההקדמה של אמנת אש"ף במוסקבה החלה כך להשתמש במונח "פלסטינאים"; עד אז איש לא הזכיר אותם אלא כדי לזהות דווקא את היהודים שחיו באזור. השרותים החשאיים הסורים שנכחו במקום דחפו לבחור, *כמנהיג אש"ף,* איש המזוהה איתם ששמו אחמד שוקיירי (שהיה סוכן תחת השפעת ה-KGB), שגברבמקרה על יאסר ערפאת. אך במבחן התוצאה שוקיירי נחשב לא מתאים לתפקיד ואז המציאו את "צ'ה גווארה" החדש, *האיש משלנו,* כלומר ערפאת (עם הזקן והלבוש ההרפתקני) כדי להקסים במיוחד את הצעירים.

במאמר של National Review Online המרגל לשעבר מוסיף:

"כפי שסיפר לי הנשיא של ה-KGB, Jurij Andropov, מיליארד יריבים מסוגלים להסב נזק הרבה יותר גדול לאמריקה מזה של כמה מיליונים בלבד. היינו צריכים להחדיר שינאה בנוסח הנאצים כלפי היהודים, בכל העולם המוסלמי, ולהפוך את הנשק הרגשי לים של דם הטרור נגד ישראל...האנטישמיות האיסלמית מתפשטת מהר מאוד. למוסלמים יש חולשה ללאומנות, לשוביניזם ולהתקרבנות. אתההמונים האנאלפביתים והמדוכאים שלהם ניתן להסית עד למקסימום...".

והוסיף:

"באמצע שנות השבעים, ה-KGB הורה לשרותים החשאיים שלי, ה-DIE– יחד עם השרותים המקבילים במזרח אירופה –לנפות את המדינה כדי למצוא פעילים בני אמון של המפלגה, המשתייכים לקבוצות אתניות איסלמיות שונות ולייצא ... היריבות השורשית נגד היהודים כפי הרגישו העמים באזור ההוא".

וכמה היו בסה"כ?

"לפי הערכה גסה שקיבלנו ממוסקבה ב-1978, הגוש הסובייטי כולו של המודיעין שלח קרוב ל-4.000 סוכני השפעה כאלה בעולם האיסלמי... באמצע שנות השבעים... הפצנו גם סרט קצר, תוצרת ה-KGB, בשפה הערבית, לפיו ישראל והתומכת העיקרית שלה, ארצות הברית, היו מדינות ציוניות שפעלו להפיכת העולם האיסלמי למושבה יהודית".

מוחמד יאסר עבד אל-רחמן עבד אל-ראוף ערפאת אל-קודווה אל-חוסייני, המוכר יותר תחת השם יאסר ערפאת, נולד ב-24 לאוגוסט 1929, והיה החמישי מבין שבעת ילדים שנולדו לסוחר בדים. לפי ערפאת עצמו, וגם מקורות אחרים, הוא נולד בירושלים; אך הביוגרפים הצרפתיים Christophe Boltanski ו-Jihan El-Tahri גילו שהוא נולד בקהיר, במצרים, ושם נרשמה תעודת הלידה שלו. אפילו *האיגוד האקדמי הפלסטינאי ללימוד יחסים בינלאומיים* מביא כמקום לידתו את קהיר. אבל, על מנת שערפאת יוכל לנהל את אש"ף הוא היה צריך להית פלסטינאי, לכן ה-KGB הכשיר אותו בבית הספר למבצעים מיוחדים בעיירה Balashikha, מזרחית למוסקבה.

ממשיך ומספר Pacepa – שיש לציין הוא היה קצין בעל דרגה גבוהה מאוד במודיעין של הגוש הסובייטי – ושהתיק האישי של ערפאת היה בידיו:

ה-KGB השמיד את המסמכים הרשמיים בהם נרשם שערפאת נולד בקהיר כדי להחליף אותם במסמכים מזוייפים בהם הופיע כיליד ירושלים, לכן פלסטינאי מלידה".

וזה עדיין לא הכל:

"מחלקת הדיסאינפורמציה של ה-KGB החלה לעבוד על הפלייר בן ארבעה עמודים של ערפאת ששמו 'Falastinuna' (הפלסטין שלנו), והפכה אותו למגזין חודשי בן 48 עמודים עבור ארגון המחבלים הפלסטינאי אל-פתח. ערפאת עמד בראש אל-פתח משנת 1957. ה-KGB הפיץ את המגזין בכל העולם הערבי ובמזרח גרמניה שבזמנו אירחה מספר גדול של סטודנטים פלסטינאים".

ב-1969, בכינוס הראשון של Black Terrorist International, ארגון נאופשיסט פרו-פלסטינאי ממומן ע"י ה-KGB והלובי מועמר קאדפי, ה-KGB ביקש מערפאת להכריז מלחמה על ה'*אימפריאליזם הציוני*" האמריקאי.

מעניין מה ברית המועצות חשבה על זה ועל הפרסום במגזין סאטירי "Communism in Israel" – שפורסם ע"י ה-AIC ב-1958 זמן קצר לפני סיבוב הפרסה של הסובייטים ביחס לסוגיה הישראלית – בו אויבי ישראל היו מתגאים בכך שכל מדינות ערב התייחסו למפלגה הקומוניסטית כלא חוקית ושהמדינה היחידה במזרח התיכון בה המפלגה לא הייתה מחוץ לחוק הייתה ישראל...

בין יתר הפרסומים מהסוג הנ"ל, כולם על חשבון ה-AIC, מצאנו למעניין ביותר זה משנת 1960 שכותרתו "Immigration to Israel: a threat to peace", ובו אמירות למופת כגון:

"היום, באמצעות הטרור ואיומי המלחמה, הציונים רוצים להרחיב את שטחיהם הודות גם לגלי הגירה נוספים... הערבים רואים במהגרים (היהודים) ממזרח אירופה סכנה פוטנציאלית של חדירת הקומוניזם במזרח התיכון. [...] ניסיונות העבר הלא רחוק הדגישו את הסכנות של הסטיות הקומוניסטיות והבהירו את האיום שהם מהווים לאומה הערבית".

ללא מילים. *זוכרים את הפדאיון?* ובכן, מתחילת 1965, כשהם מחקים אותם, הפעילים של הארגון החדש החלו עם התקפות הטרור גם אם, למען האמת, לא תמיד מוצלחות.

ערפאת ייזכר כמי שבמשך עשרות שנים היה הטוען האלים של בואו *נתחמש ונצא לקרב.* לדוגמא, ב-26 לינואר 2002 הסית בעד פיגועי התאבדות:

"העם הפלסטינאי אינו חושש מהטנקים והמטוסים של ישראל: מיליון שהידים מוכנים לצעוד לכיוון ירושלים".

אבל הוא, כידוע, לא; היה נשאר מאחור ומסתכל עליהם. ב-5 לפברואר 2002, מול עיתונאים ישראלים, פתח חלון ובהצביעו לכיוון טנק ישראלי טען: *"אתם רואים אותו? הלוואי והיה נורה ממנו פגז לעבר משרד זה, הייתי סוף סוף זוכה למות כשהיד".*

אך למרבה הפלא אפילו לא התקרב לסכנת מוות מרצונו.

ואם זה לא מספיק, ב-29 למרץ 2002, אמר ל-אל ג'אזירה בין בוז ללעג: *"אני מתפלל לאלוהים כדי להיות שהיד. אני רוצה להיות שהיד, שהיד, שהיד. אני לא יותר טוב מאף ילד פלסטינאי שמת למען מטרתנו".*

אש"ף, גם בגלל ערפאת, בחר תמיד בהחלטות שגויות (שהרעיבו את הפלסטינאים), לדוגמא כשתמך בעירק נגד המערב שהתייצב לצד כווית; עקב כך הפסידו את התמיכה הכלכלית של סעודיה ושל האמירויות, וגרמו לכך שמאות אלפי פלסטינאים גורשו מכווית. העברת הכספים למשפחות בשטחים (קרוב ל-400 מיליון דולר בשנה), עקב כך, נחתכה בחצי.

מה שיפה (או בעצם מכוער) הוא שאש"ף היה צריך לאחד את כל הערבים אך למעשה גם ירדן וגם סוריה באו אליהם בדרישות שהפכו למלחמה של ממש ב-1970 עם *ספטמבר השחור* ובמאי 1983 בבקעת הבקאע ובטריפולי.

חמאס, לעומת זאת, שנוסדה ב-9 / 10 לדצמבר 1987, פירושה בערבית "להט" ו-"אומץ" והוא גם ראשי תיבות של *חרקאת אל-מוקוומה אל-איסלמיה* כלומר תנועת ההתנגדות האיסלאמית.

אך, בואו נלקט אחד לאחד את *פרחי* הכותרות של אמנת *חמאס.*

ההזיה מתחילה בסעיף 22 על הכוחות שתומכים באויב וש-"היו מאחורי הקלעים במהפיכה הצרפתית ובמהפיכה הרוסית, ועוד הרבה מהפיכות אחרות ששמענו עליהן איפה שהוא בעולם...האירגונים האלה הם הבונים החופשיים, הרוטרי קלאב, הלייונס קלאב, הבני ברית ועוד ועוד".

אפילו אמת אחת לא נמצאה בדברים הנ"ל! אך שיא האבסורד הוא כשבמסמך הזה נטען שהאויבים של *חמאס* הם אלו שהקימו "*את הארגון של האומות המאוחדות, עם מועצת הביטחון בתוכו ושבאמצעותו הם שולטים בעולם*".

מדובר בדיוק באותם הארגונים שמגנים ללא הרף כמעט אך ורק את ישראל.

בולט במיוחד החיזוי שבסעיף 32: "*לתוכנית הציונית אין גבולות, ואחרי פלסטין הם ינסו להשתלט מהנילוס ועד הפרת*". בפועל מה שקרה זה בדיוק ההיפך עם הנסיגות המתמשכות של ישראל משטחים הולכים וגדלים. זה לא מסובך, גם הם (אולי) יוכלו להצליח בכך...

חמאס התחילה כיצירה של האחים המוסלמים, בזמן *האינתיפדה* הראשונה, ותפיסתה הלכה והתחזקה במה *שקוראים* השטחים *הכבושים* עם מחבלים *מתאבדים* שתוקפים תוך כדי צעקות כגון "*רק הג'יהאד יכול לפתור את בעיית פלסטין*" ועוד ציטוטים מוטמטים *מהפרוטוקולים של זקני ציון*. בפלייירים שלה יכולים לקרוא "צלילים חלליים" וקולות של אפרוחים מהסוג "*היהודים, אחים של הקופים ורוצחי הנביאים*".

יש לזכור *שחמאס* היא תנועה סונית ולמרות זאת – עד כמה שזה נשמע הזוי – מומנה על ידי טהרן מאז 1992 עם תקציב של 10 מיליון דולר להפעלת תחנת רדיון וטלוויזיה על מנת להוציא את דיבת היהודים בעולם הערבי. המתגייסים *לחמאס* עוברים הדרכה (אם אפשר לקרוא לזה כך) במחנה אימונים של אימאם עלי, של קארנג'י (ליד קום) ובמתחם של בית אל מאקדר (גם הוא ליד קום).

לעומת זאת, *חיזבאללה* זו תנועה פוליטית וצבאית של שיעים בלבד שמרכזה בלבנון.

נביט גם בהבדלים הגרפיים כדי להבין איזה צד אלים יותר. הלוגו של *חמאס* נושא שתי חרבות, זה *של חיזבאללה* רובה סער, הלוגו של *אל-פתח* מציג גם נשק, כלומר שני רובים. ו...*זה של ישראל*? שני ענפי זית.

מה בעצם הפלסטינאים היו מסוגלים לעשות? בין השנים 1968 ו-1977 חטפו, או ניסו לחטוף, 29 מטוסים והם מחזיקים בבכורה העגומה בכל מה שקשור בהתקפות על מטוסים בנשק קל ובטילים, בפיצוץ באוויר של מטוסים בטיסות סדירות באמצעות חומר נפץ שהופעל על ידי טיימר או מד גובה, בהריגת אזרחים בדלפקי הקבלה שבשדות תעופה או באולמי ההמתנה שלהם, בחטיפת בני ערובה רבים בבתי מלון ומקומות התכנסות, ובהרעלת מזון (תפוזים ישראלים המיועדים לצריכה בשוקי אירופה ליתר דיוק).

ומה נאמר על "*הרחפן המתאבד*" החדש של *חמאס*, טיל חדש עוצמתי המסוגל להגיע למרחק של 250 קילומטרים, או על העובדה שמחבלים אלו מצליחים לירות עד 140 טילים תוך דקות ספורות כדי למנוע *מכיפת ברזל*, שנלמד עליה בקרוב, לחסום אותם כולם? בקצרה, בשנת 2021 נורו לעבר ישראל 4500 טילים מרצועת עזה,

שניים מסוריה ו-31 מלבנון. 90% מהם יורטו, למזלנו, על ידי *כיפת ברזל*. עם טילי *הקורנט הנשלטים* מרחוק הצליחו לפגוע באוטובוס שהסיע אזרחים והרג אותם. טילי האייאש מיוצרים עם הסיוע האירני ומסוגלים להגיע עד למרחק של 500 קילומטרים.

חמאס מנצל – ועליו להתבייש על כך – אזורי מגורים כמעוזים, מסתיר נשק בבתי ספר ובמסגדים, מנצל בתי חולים ואמבולנסים כאמצעי שינוע, משתמש בחיות *כמתאבדים*, בונה מנהרות כדי לחדור לישראל ולבצע תקיפות טרור. מאז 2001 נספרו 12.800 טילים שנורו לעבר ישראל.

רק שנבין, כל טיל *קאסם* עולה כ-800 דולר. מה חושבים על כך, בלי אם ובלי אבל, כל המתנגדים לאלימות?

* * * *

ערפאת, מנהיג השחיתות הערבית

זאת אומנם קלישאה אך בזמן שהעם מת מרעב, *המנהיגים* (פלסטינאים), והמקורבים אליהם, חיים בפאר תוך ניצול השחיתות המושרשת אצלם.

עיתון כוויתי, אל-*וואטן*, זכה בההדלפה מסניף של *הבנק הערבי* בקהיר שרשם, בתחילת חודש יוני 2002, זיכוי של 5,1 מיליון דולר מצד ה-U.S. Aid Fund, לטובת חשבונו האישי של ערפאת. אותו *מנהיג* פלסטינאי השקיע בין היתר סכומים גבוהים במניות של *קוקה קולה* ברמאללה, רכש אחוזים משמעותיים בחברה טוניסאית של טלפונים ניידים,מעל 15% של החברה Jordanian Cement Company, קרנות הון סיכון בארה"ב ובאיי קיימן. *קרן המטבע הבינלאומית*(FMI) ערכה ביקורת לרשות *הפלסטינאיתבה היא גילתה שערפאת העביר 900 מיליון דולר של כספי ציבור לחשבון בנק מיוחד שבשליטתו ובשליטת היועץ הפיננסי-כלכלי ראשי של אש"ף.

האם זה מוזר? לא במקרה במהדורה של 2003 המגזין האמריקאי Forbes העניק לערפאת את המקום השישי בדירוג המיליארדרים, בקטגוריה "*מלכים ושליטים*" - רק שני מקומות מתחת למלכת אנגליה – כשקבעו לו הון אישי של 300 מיליון דולר. חבל רק שהסכום הוא הרבה, הרבה יותר גבוה, (לפחות מיליארד דולר). *שליש מההון הזה, במזומן, פוזר בין ג'נבה, קפריסין, ביירות, דובאי, טוניס ועמאן.*

ראש החקירה של הרשות הלאומית הפלסטינאית הכריז שלמרות שהכספים למימון פעילות הרשות מגיעים מקרנות ציבוריות כגון המיסים ששילמו הפלסטינאים, בפועל כלום לא נוצל לטובת העם הפלסטינאי; הכל היה תחת שליטתו של ערפאת. אף דו"ח לא פורסם בהקשר לכך".

המנהיג של אש"ף חילק כספים גם לפקידים בכירים ברשות הפלסטינאית *לצרכים אישיים, כולל 50.000 דולר לחתונה של בתו של השר נאביל עמר, הכפלת החזר הוצאות מחיה לבן של השר נאביל שעת שששה בצרפת לצורך לימודיו,*

ו-100.000 דולר לסגן הממונה במשרד התקשורת לצורך בניית בית. הכל, יש לזכור, מכספי סיוע מגורמים בחו"ל שאמורים היו להגיע לפלסטינאים שבמצוקה קיומית.

ראש השרותים החשאים הרומנים עליו כתבנו לפני כן אישר שבשנות ה-70 העביר במזומן לערפאת באופן קבוע סכום של כ-200.000 דולר לחודש; בנוסף, כל שבוע היו נוחתים בבירות 2 מטוסי תובלה עמוסים במדים ואספקה שונה.

ב-2004, אישתו של ערפאת, סוהא, קיבלה *מהרשות הלאומית הפלסטינאית*– בתמורה לשיתוף פעולה מצידה בחקירה שנפתחה עם מות בעלה – פנסיה חודשית שמנה ועוד 22 מיליון דולר.

טיפה יותר... צנוע האיש בעל הנעליים של 25.000 דולר, כלומר אבו מאזן. מספיק להעיף מבט אל עבר מטוסו ששווה 50.000.000 דולר שנקנה במימון אש"ף, ולבניין שלו ששווה 17 מיליון דולר. מחמוד עבאס, הלא הוא אבו מאזן, הוא בעל רכוש המוערך ביותר ממיליארד דולר ומכאן מבינים איך הצליח למנוע בחירות מעמו עד כדי כך שמנדט בן 4 שנים נמשך בינתיים מעל ל-17 שנה, נכון לחודש מרץ 2022.

והאחרים? אולי עוד יותר גרועים. אבו עלא השלים בנייה של וילה ביריחו בעלות של מיליון וחצי דולר. קבלה שהגיעה למערכת העיתון *Jerusalem Post* מוכיחה ששר החוץ של אש"ף ריאד אל-מליקי, וראש שרות הבטחון מאג'ד פארג' שהו בחודש מרץ 2018 במלון *Four Season* בעיר בלטימור בעלות כוללת של 14.250 דולר. החשבון כולו שולם על ידי *הארגון לשחרור פלסטין* בארה"ב. בין יתר ההוצאות של פארג' היו 900 דולר על "הוצאות שונות" (שאיש לא יודע מהן...), ועוד ארוחות שונות בשרות חדרים, כולל 140 דולר על ארוחת בוקר, *וחטיף לילי* – גם זה בשרות חדרים – בעלות של 91 דולר. איזה רעב!

בחודש יולי 2014 המגזין המצרי *רוז אל-יוסף* פרסם שראש ממשלת *חמאס* לשעבר, איסמעיל הנייה, יליד מחנה הפליטים שאטי, שילם ארבעה מיליון דולר עבור בית של 2500 מ"ר בר'ימאל, שכונה יוקרתית על חוף הים של העיר עזה; כדי לא לבלוט הוא הפקיד את כל הפעילות סביב הרכישה בידי קרוב משפחה. אחד הבנים שלו, עוכב ברפיח כשמצאו במזוודה שהייתה ברשותו מיליון דולר במזומן. עוד אחד ממקימי *חמאס* שלא חוסך כשמדובר על רמת החיים שלו הוא איימן טאהא: ב-2011 הצליח לרכוש וילה בת שלוש קומות במרכז עזה תמורת 700.000 דולר.

ההתקפות בתקשורת נגד *חמאס* בנושאים הנ"ל הגיעו לאו דוקא מאמצעי תקשורת מערביים אלא מבעל המדור המצרי Jaled Mash'al:

"צאו מבתי המלון בקטאר ובואו להילחם בעזה". והוסיף: *"לא נמות מרעב כשאתם נהנים ממטעמי דוחא".*

במאמר שכותרתו *"עזה זה לא חמאס",* שראה אור ביומון המפורסם אל-*גומהורייה,* נכתב על ידי Nagla Al-Sayyid ש*חמאס,* גם בגלל השחיתות, *"היא תנועה של אימבצילים פושטת רגל".*

זו גם הסיבה שהסקרים מחודש דצמבר 2020 מראים, לדוגמא, ש-86% סברו שמוסדות *הרשות הלאומית הפלסטינאית* הם מושחתים והרוב הגדול (66%) *של* הפלסטינאים דורשים את התפטרות עבאס.

כל זה קורה כאשר הפלסטינאים הפשוטים מתים מרעב ומחוסר בטיפולים רפואיים; מדהים שחתימת רופא, או של כל מוסד רפואי אחר בגדה המערבית ורצועת עזה היא כל כך יקרת ערך. החתימה הזאת מאפשרת קבלת טיפול בחינם בישראל או מדינות אחרות; אחרת, החולים הפלסטינאים יצטרכו לשלם שוחד לפקידים בכירים גם בגדה וגם ברצועה כדי לקבל את האישורים לצאת לטיפולים בישראל או כל בית חולים אחר בעולם. מי שאינו מסוגל לשלם פשוט נשאר למות בבתי החולים הלא מצוויידים ועם צוות מצומצם במיוחד ברצועת עזה.

בין היתר, מעל ל-70% *של* ההעברות לבתי חולים ישראליים (או בחו"ל) אין להן שום רישום ולא ברור כיצד והיכן בדיוק שולם הכסף. למשל, ב-2013 אש"ף הוציא מעל לחצי מיליארד שקלים כדי לכסות טיפולים רפואיים של פלסטינאים שהועברו לבתי חולים מחוץ לשטחים הפלסטינאים, אך אין שום הוכחה כיצד ומי הוציא כסף זה.

הרשות הלאומית הפלסטינאית טוענת שבשנת 2014 מעל ל-54.000 פלסטינאים מרצועת עזה הועברו לבתי חולים מחוץ לרצועה; אבל, הרשויות הרפואיות בעזה מצהירות שלהם ידוע רק על 16.382 מקרים של חולים שקיבלו אישור לכך.

הקואליציה הפלסטינאית לאחריות ויושרה (*Aman*), קבוצה פלסטינאית פעילה בתחום הדמוקרטיה, זכויות האדם והמשילות הטובה, דהיינו נגד השחיתות, פרסמה דו"ח בו אישרה את הפערים בעלויות *של* הטיפולים הרפואיים בישראל (ומקומות אחרים) וההוצאות בפועל. לדוגמא, במקרה אחד בלט הנתון ש-113 חולים פלסטינאים אושפזו בבתי חולים ישראליים בעלות של 3 מיליון *שקל*, מבלי שאף תעוד יוכיח זאת; אפילו זהות המטופלים, פעם נוספת, לא הייתה ידועה. במקרים אחרים, תמיד על פי אותו דו"ח, המטופלים היו יכולים לקבל את הטיפול הנדרש בו במקום מבלי לעמוד מול ההוצאות הגבוהות *של* ההעברה לבית חולים אחר.

נאג'את אבו בכר, חברת המועצה המחוקקת הפלסטינאית שמשתייכת לאל-*פתח*, הסיעה *של* נשיא הרשות הפלסטינאית מחמוד עבאס, התריעה על השחיתות בקרב המשרד ברשות, האחראי להעברת המטופלים לחו"ל, והגדירה אותו "*כגוף מאפיוזי בראשו עומדות דמויות משפיעות*". אבו בכר האשימה גם את המשרד בניצול תושבי רצועת עזה חסרי כל ובזבוז כספי הציבור.

מה שהרשות הפלסטינאית אינה רוצה עבור אזרחים אלה ישראל עושה במקומה תוך מתן טיפול – לא רק לכל הסורים שנפצעו על ידי אסאד ומטופלים בבתי חולים ישראליים או החולים מעזה – אלא גם אותם קרובי משפחה של אנשים שקשה אפילו להעלות בדמיון.

בימי האינתיפדה, כאשר *חמאס* רצח אלפי אזרחים ישראליים, ב-2012 בתו בת השלוש *של שר הפנים של חמאס*, אלחם פתחי חמאד, עברה ברבת עמון ניתוח לב שנכשל: היא הועברה לבית החולים *ברזילי* באשקלון במצב קשה ביותר והרופאים הצילחו להציל אותה. אותו יחס ישראלי התקיים בחודש נובמבר 2013 והפעם המטופלת הייתה נכדתו בת ה-17 של אסמאעיל הנייה, *ראש הלשכה המדינית של חמאס*; אמל הנייה הועברה לבית חולים ישראלי עקב דלקת חריפה מאוד במערכת העיכול שסיכנה את מערכת העצבים, ונעשה המירב כדי להציל אותה. גם בתו בת ה-13 של אותו איסמאעיל הנייה טופלה בבית חולים בתל אביב בחודש אוקטובר, מספר שבועות לאחר סיום המבצע של קיץ 2014, עקב סיבוכים לאחר ניתוח *שבשגרה* בעזה. אפילו אשתו של אבו מאזן נותחה וטופלה – בצדק – בכפפות *של משי* בניגוד לכל הטענות שלו עד כמה הישראלים אכזריים ורוצחים.

אפילו הם לא מאמינים למה שהם עצמם אומרים.

דוגמא נוספת תציג מה זה באמת ישראל. בימי האינתיפדה השנייה, אריה אלדד, רופא עור מאוד מפורסם ומאוחר יותר *חבר כנסת מטעם מפלגת ימין*, כשקיבל לידיו בבית חולים *מחבל* צעיר עם כוויות קשות על גופו עקב פיגוע, דרש להמשיך לטפל בו עם מספר רב של השתלות עור לאורך תקופה ארוכה. כשהנהלת בית החולים ביקשה לסיים את הטיפול בו, אלדד העביר את *מיטת החולה* למשרד המנהל ואיים *בשביתת שבת* במקום. זה קורה, ולא תמיד, רק במשטר דמוקרטי (אמיתי).

פרק 4 – הגנה (לא) לגיטימית

• • • •

קדימה, ישראלי, תהיה אמיץ....תן להם לטבוח בך!

איך ישראל מגיבה לכל כך הרבה שנאה? בעזרת מערכת הטילים *כיפת ברזל* שתוכננה ב-2007; זאת מערכת הגנה מאוד מתוחכמת שביעילות רבה הגנה על אזרחי ישראל.

בניגוד *לחמאס*, כשצה"ל מגיב להתקפות הפלסטינאים הוא דואג מראש להתקשר לבתים ולשלוח *מסרונים שעומדים* להגיע טילים לאזור, או משחררים "פצצות הזהרה" ופליירים, ועוד הודעות הזהרה בערבית; לא פעם ויתרו על ביצוע המשימה כדי לא לפגוע בחפים מפשע שנמצאים במקום, למרות הסכנה שהמטוס הישראלי ייפגע מעצם וויתור על התקיפה. נעשה שימוש גם בנוהל *הקש בגג* כשטיל רועש מאוד אך לא מסוכן מאפשר לאזרחים להימלט מהאזור לקראת הגעת הטילים האמיתיים; בכל מקרה התגובות הישראליות מנסות תמיד להיות כירורגיות על המילימטר.

יש גם את הסיוע הרפואי, כשמציעים לצד המקביל הפלסטינאי תרופות וציוד רפואי עבור החולים והפצועים הפלסטינאים, אך *האפרטהייד הפלסטינאי*... נגד התרבות לעתים קרובות דוחה אותם. מגן דוד אדום העמיד לרשות הפלסטינאים מנות דם ופלאזמה אך *חמאסגם* במקרה זה ובלי בושה סירבה לקבל.

בכל מקרה, רק בשנת 2020, ישראל הצליחהלבסוף להעביר (כולל ציוד מאירגונים בינלאומיים) 110 מכונות הנשמה, 170 מוניטורים, 109 מחוללי חמצן, 87 מיטות לטיפול נמרץ, 86 מיטות לטיפול רגיל, 2.313.050 מסכות לחדרי ניתוח, 312.724 מסכות 95 N , 6.967.823 כפפות מנתחים, 248.544 קיטים PCR ועוד 244.500 קיטים לגילוי המגפה.

הצבא הישראלי הקים תוך 48 שעות בתי חולים שדה בגבול עם הרצועה כדי לטפל בפצועים הפלסטינאים; בנוסף דאג להעביר באמבולנסים מאות מטופלים פלסטינאים לבתי חולים ישראלים לקבלת טיפול. חשוב לדעת שכאשר צה"ל נלחם במחנה הפליטים ג'נין לגירוש המחבלים שבו, הוא דאג לשמור על פעילות מלאה בבית החולים המקומי בעזרת גנראטור שהובא אישית ובמהירות על ידי קצין ישראלי שבכך סיכן את חייו. אותם ישראלים הקלו במעבר של ציוד בנייה עבור בית חולים בקלקיליה או מזון ותרופות לבית לחם, מואסי וחאן יונס; הם סייעו אפילו בהעברת כרטיסי קצבה של ארגון צדקה בינלאומי לתושבי עאזון ושל הצלב האדום לסאלפית; הם גם איפשרו מעבר בטוח בקלקיליה של משפחה שלמה ממזרח ירושלים כדי שישתתפו בחתונת בנם.

ואיך לענות ל*מנטרה* הפלסטינאית, שחוזרים עליה מאוחר יותר כל כלי התקשורת בעולם, ביחס לשימוש "הלא פרופורציונלי" של כח מצד ישראל?

ממש בדיחה, מקצוענים אלו של "חדשות" בלי קשר לאירועים עצמם, שוכחים לומר שכשדורשים *מידתיות* בקוד המלחמתי, לא מתחשבים במספר ההרוגים אלא בערך הצבאי של המטרה. קורה בוודאי שהישראלים גורמים ליותר הרוגים מאשר האויב, ובמקרים מסויימים זה לגיטימי ואף טבעי; נסביר מייד למה. אם מטרה מסויימת מסתירה סכנה גדולה, על מנת להגן על האוכלוסיה עליה אני אחראי, יש לי את הזכות – בתוקף החוקים הקיימים – לפגוע בה גם אם זה יגרום לאבידות אזרחיות בצד השני. להלן מה שכתוב בסעיף 51 של הפרוטוקול הראשון של אמנת ג'נבה משנת 1977 לפיו נחשבת חסרת הבחנה רק

"תקיפה שממנה ניתן לצפות שתגרום לאובדן בחיי אדם אזרחיים, אזרחים פצועים, נזק למטרות אזרחיות, או שילוב של כל אלה ונחשבת מופרזת ביחס ליתרון הצבאי האמיתי והישיר שניתן לצפות ממנה".

אז, אם כך, על ישראל לאפשר רצח של אזרחיה כדי להגן על חיי הפלסטינאים? או כשמחבלים פלסטינאים מפוצצים את עצמם במרכזי קניות בארץ, עם מאות נפגעים, האם על ישראל לחקות אותם, תוך כדי שימוש בכח "מידתי" במרכז מסחרי פלסטינאי?!?

חשוב לדעת גם כאשר המון משולהב תוקף שוטרים ישראלים וחיילים, אלה – במקרה הכי גרוע – מורשים על ידי החוק לירות כדורי גומי ורק אם קיימת סכנת חיים, לעבור לכדורים חיים. כל זה קורה כשהפלסטינאים משתמשים בתותחים וטילים נגד טנקים אף על פי שלפי הסכמי אוסלו, הנשק היחידי שהם רשאים להחזיק בשטחים שבשליטתם זה אקדחים, רובים, רובי סער שבין היתר אחזקתם מותרת רק בידי קציני בטחון.

ישראל לכן עושה את כל מה שניתן כדי ליצור רצועות בטחון בגבולותיה גם בגלל נוכחות מעל לשני מיליון ערבים בגדה המערבית, בין אם בערים או מחנות פליטים, ממש קרוב לתל אביב וירושלים. מטוס שימריא משדה תעופה ברבת עמון יגיע לירושלים תוך שתיים וחצי דקות! מתחילת שנות ה-90 המדינה נאלצה להגביר את ההגנה על הבתים, בתי ספר ותחנות אוטובוס עם בטונדות וחדרי ממ"ד; חולקו בחינם למשפחות חוברות הסברה נגד טילים בהן הנחיות מעשיות וגם פסיכולוגיות על כיצד להתנהג במקרה של מתקפת טילים. בנוסף קיימים מקלטים באזורים סמוכים לגבול עם רצועת עזה אשר מנעו פגיעה באזרחים מהתקפות *חמאס*; כל זה עלה כמה מיליארדי דולרים אך זה בהחלט היה שווה.

היום נדמה לנו שחיים בפארדוקס בישראל שישראל "אשמה" בהגנתה על אזרחיה, כפי שנדרש מאמנות בינלאומיות כאשר *חמאס* מוצגת "כקורבן" תוך שהיא מפירה את אותן אמנות.

ברור לכולם, פרט למובילי הגל האנטי ישראלי בכל *העולם, ש*חמאס* בכלל אינה דואגת לחיי הפלסטינאים; מאז 2007 בעזה – וזה ידוע – מתגוננים בעזרת אזרחים חפים מפשע. פתחי חאמד, מי שבעתיד הפך להיות שר הפנים, אישר כבר ב-29 לפברואר 2008, שרוב האנשים שנהרגו בלחימה היו מחבלים ולא אזרחים *ושח*מאס* השתמשה בפועל באזרחים כמגן אנושי.

ואכן, ארגון המחבלים הזה, מעמיד, בצורה פחדנית, את כל תשתיותיו הצבאיות, משטחי השיגור, מחסני הטילים ומרכזי הפיקוד שלו דווקא באזורים הצפופים ביותר באזרחים, שזה ממש פשע מלחמה מאחר ומעמידים בסכנה את האזרחים עצמם.

בסעיף 28 *של אמנת ג'נבה הרביעית* כתוב כך: *"אסור השימוש בנוכחות אזרחים על מנת להפוך אזורים מסויימים חסינים מפגיעה בפעולות לחימה".*

סעיף 58 בפרוטוקול מספר 1 *של אמנת ג'נבה* משנת 1977, שחתומה עליו גם *הרשות הפלסטינאית,* מאשר שיש להרחיק אזרחים ממטרות צבאיות או לחילופין יש למקם את אלה באזורים פחות מאוכלסים.

גם לא אמיתי המיתוס לפיו *חמאס* לא יכול לנהוג כך בגלל צפיפות היתר שברצועת עזה, למרות מאמצי השלטון לדחוף טענה זו בכל הזדמנות אפשרית. בנוסף, הוכח מדעית שזה שקר שהאזור הזה הוא אחד הצפופים ביותר על כדור הארץ. המקום קיים, למשל כל אזור בו היו פעם ההתנחלויות היהודיות.

יש לזכור בין היתר שאחרי הסכמי אוסלו, ישראל העבירה כמעט את כל הממשל האזרחי לידי הרשות הפלסטינאית, כלומר 98% מהאוכלוסיה הפלסטינאית בגדה המערבית ורצועת עזה.

לכן, זאת שוב, כמו בעבר, בעיה שקרית ויומרנית; אם נשתמש "במונח חדש" ניתן להגדיר זאת כבעיה..."פלסטינאית".

• • • •

"חומה" של שקרים

בואו ונמוטט עוד "חומה" של סיפור שקרי: בקיץ 2002, ממשלת שרון החלה בבניית *"גדר ההפרדה"* לאורך הגדה המערבית כדי למנוע תקיפות של מחבלים. אכן, בין השנים 2000 ו-2005, נפגעו אוטובוסים, תיאטראות, מסעדות, פיצריות ומרכזים מסחריים וסה"כ נהרגו כ-1.400 אזרחים ועוד כ-6.000 נפצעו. כתוצאה מכך, רבים מהפצועים סבלו מקשיים חמורים או בגלל כוויות בכל הגוף, כריתת איברים או מחלות נפש. העיר קלקיליה, רחוקה כ-15 ק"מ מתל אביב, הפכה לסמל כשישימשה נקודת מוצא של המחבלים לביצוע פישעיהם. עם הקמת *"גדר ההפרדה"* נרשם צמצום של עד כדי 99% במעשי האלימות.

בואו ונבדוק אם כל מה שמספרים בתמימות דעים מבישה, עונה בכנות לאמת.

זהו שקר לומר שכל החומה בנויה מבטון (בגובה משתנה בין 4 ל-8 מטרים), להפך, זה כך רק באזורים המסוכנים ביותר בגבול שבין ישראל והשטחים (בערך 10%), כלומר בקטעים לאורך כבישים עליהם הצלפים הפלסטינאים ירו כדי לפגוע במכוניות שעברו שם. 90% הנותרים מהגדר זה לא אפילו, כפי שמנסים להפיץ, מחסום מחושמל אלא רק רשת הגנה בצורת נחש, מחסום מתכתי המצוייד בחיישנים אלקטרוניים המתריעים בפני ניסיונות חדירה.

כלומר, הגדר בפרוש מונעת את הכניסה (לישראל) אך לא היציאה (מהשטחים הפלסטינאים). כמובן, כשהבינו שהגדר כללה, או בודדה לאורך התוואי שלה, בין 7 ל-11% בקירוב של השטח הערבי, כפי שזה קורה בדמוקרטיות האמיתיות, בית הדין הגבוה לצדק הישראלי התערב כדי לתקן מעשים אלו; למשל, בחודש יוני 2004 הגדר הוזזה יותר קרוב לגבול הפסקת האש של 1967. בין היתר, הפלסטינאים עצמם הגישו עתירות לבג"צ, מבלי להיות אפילו אזרחי המדינה ולכן לא זכאים לזכות הזאת, וטענותיהם התקבלו ובכך שונה התוואי באזור קרוב לירושלים. עם הזמן, והשינויים שחלו בה, הגדר שילבה רק כ-7% *מהגדה המערבית* מהצד הישראלי כך שקרוב ל-99% *מ*הפלסטינאים מאותם האזורים נותרו בצד הפלסטינאי של אותה גדר. כל זה כדי להגן על כפריהם, ושהיה ברור, האדמה נותרה תמיד בבעלות של מי שהחזיק בה; מטרת הגדר, וטוב לציין זאת, היא למטרות בטחון בלבד.

כמובן, כל אחד יכול לנקוט בצעדים משפטיים וישראל עושה את הכל כדי שהחקלאים ימשיכו לעבד את האדמה הרלבנטית בנוסף לאבטח את המעבר של אנשים וטובין בבטחון; בנוסף לכך, עצים ננטעו מחדש כפי שקרה עם קרוב ל-60.000 עצי זית.

זה מובן מאליו שכאשר יגיעו להסכם סופי, הגדר תפורק. יש תמיד לקחת בחשבון שכל אמצעי הזהירות האלה הם תוצאה – יש לחזור על כך – *של מצב הגבול* ומה שקרוי *הקו הירוק* המפריד בין הגדה המערבית, עזה וישראל; זהו קו הפסקת האש שנקבע בהסכמי רודוס בשנת 1949 בין ישראל, מצרים וירדן אך איננו קו גבול מוכר ברמה הבינלאומית ולכן אינו מחייב.

איזה סקנדל "הגדר" שישראל בנתה, נכון?

ומה נאמר על הגדרות – האמיתיות – של תאילנד עם מליזיה ב-2006, וזאת בין אוזבקיסטאן וטג'יקיסטאן, בעלת חיישנים ומצלמות אבטחה, ההיא גם של אוזבקיסטאן עם קירגיסטאן מסתיו 1999 והגדר המחושמלת שדרשה בוטסוואנה ב-2003 עם זימבבווה?

היו סבלנים כי רשימת החומות – האמיתיות – היא ארוכה, ארוכה מאוד.יש את מה שמכונה *חומת ה-Rohingya*, גדר תיל ארוכה לאורך הגבול עם בנגלאדש שמיינמאר כמעט והשלימה את הקמתה.רק כדי לסבר את האוזן קיימות היום קרוב

ל-70 מדינות שמקימות, או כבר הקימו, חומות וגדרות הגנה. נמשיך עם הרשימה תוך ניצול הסבלנות שלכם.

הודו יזמה וקידמה גם הקמת חומה עם פקיסטאן (מה שקרוי בשם *Line of control*), 1800 מייל בשטח המריבה של קאשמיר וגם אחת עם בנגלאדש משנת 1989; יש עוד אחת, מחודש ספטמבר 2005, של פקיסטאן כדי לבלום הגעת הטאליבנים ואנשי אל *קעידה* מאפגניסטאן (*Durand line*). פחות מוכרת גם חומת הבטחון של קוויבק, מחסום באורך של קרוב ל-4 ק"מ של בטון, גדר תיל ולוחות מתכת, שנבנתה בשנת 2001 לרגל הכינוס *Summit of the Americas*. אבל מוכרות יותר החומות של Ceuta ו-Melilla שמאז 1990 הן שתי מובלעות ספרדיות בשטח מרוקו עם שתי גדרות מחושמללות של גדר תיל, אחת באורך 8 ק"מ והשניה 12 ק"מ. מדובר על שתי שורות נפרדות של גדר שבינהן עובר כביש עליו עוברים פטרולים לאורך כל הימומה והן מוגנות בעזרת חיישנים מיוחדים ומצלמות אינפרה אדום; שתי גדרות אלו מבודדות כל אחת משתי הערים הנ"ל ומפרידות אותן בפועל מיתר שטח מרוקו.

גם מרוקו, מצידה, לא טמנה את ידה בצלחת, והקימה את חומת הסהרה המערבית, המוכרת גם במונח *Berm*. המחסום הזה, שהושלם בשנת 1987 ואורכו 2700 ק"מ, הוא שילוב של שמונה חומות הגנה, המורכבות *מבונקרים*, בורות, אבנים, חול, גדר תיל ומשדה המוקשים הארוך ביותר בעולם עם קרוב ל-6.000 מוקשים יבשתיים; זו חומת המגן הגדולה ביותר הקיימת אחרי החומה הסינית. ב-2014 מרוקו החלה גם בבניית חומה בגבול עם אלג'יריה. וחומה מאוד ידועה היא זאת בין קוריאה הצפונית וקוריאה הדרומית (*הקרויה מחסום של קו רוחב 38*).

אירופה אינה יוצאת דופן. באירלנד המתורבתת בולטים מאוד המחסומים של בלפסט, המורכבים מלבנים, ברזל ופלדה, כדי להפריד את השכונות של הקתולים מאלה של הפרוטסטנטים (הקרואים *Peace lines*). וקפריסין? בשנת 1974 האי חולק לשניים בעקבות הפלישה הטורקית, עם חומה של 180 ק"מ שמחלקת את האי ממזרח למערב. אבל גם בין יוון וטורקיה הושלמה גדר בת 40 ק"מ כדי למנוע כניסה של מהגרים לא חוקיים, במיוחד מאפגניסטאן. אפילו הולנד הסופר מערבית הקימה חומה מסביב ל-*Hoek van Holland* במטרה למנוע ממהגרים לא חוקיים להתרחק מאזור הנמל הזה. עוד חומה נגד מהגרים לא חוקיים היא בין בולגריה וטורקיה, שבנייתה החלה ב-2014, ומורכבת מרשת מתכתית של 30 ק"מ הבגבול עם טורקיה (נבנתה במימון האיחוד האירופי). גדר חדשה באורך של כאלפיים ק"מ, תוכננה באוקראינה ב-2014 כאשר האוליגרך איגור קולומוייסקי, מושל מחוז Dnipropetrovsk, הגיש כבר תוכנית – במימון האוליגרך עצמו – כדי לבלום את מעבר אנשי מיליציות הבדלנים הפרו- רוסים לאוקראינה המזרחית. כמה אקטואלית ידיעה זו בימים אלו...

ומה נאמר על החומה שהונגריה דרשה לבנות בגובה 4 מטרים ואורך של 175 ק"מ, נגד פליטים ומהגרים הנסים על נפשם ממזרח ומדרום העולם?

ומה קורה בעולם הערבי? עירק בנתה חומה בגבול עם סוריה במשקל של 7 טון בקטעים בגובה של 12 רגל; מצרים הקימה חומה, נגד "האחים" הפלסטינאים של עזה, חומה גבוהה, עם גדר תיל ותעלה מלאה במים כדי למנוע את כניסתם. יש גם אחת משנת 1991 בין עירק וכווית; באותה עיר קיימת חומת בגדאד, שהאמריקאים דרשו מייד עם נפילת סדאם חוסין באזור סדק סיטי ובכך הפרידו בפועל האזור השיעי מיתר האזורים בעיר. אבל יש גם זו של 2006 באירן, בשיתוף פעולה עם טורקיה, והחלו בהקמת חומה לאורך הגבול של חאג' עומראן, בגבול עם עירק, כדי לבלום פלישות כורדיות בשטח אירן. והאם ידעתם על קיום חומה בין אירן ופקיסטאן משנת 2007 באורך 700 ק"מ שנבנתה כדי להגן על הגבול מפלישות של סוחרי סמים פקיסטאניים וקבוצות חמושות סוניות? קיימת החומה של סעודיה עם תימן (בגלל מלחמת האזרחים), וגם בתוך סוריה עצמה קיימות חומות; הסעודים בנו חומה ב-2006 לאורך הגבול עם עירק. טורקיה הקימה חומה במחוז הדרומי של אלכסנדרטה שהיתה שייכת לסוריה; לכן גם זה שטח במחלוקת. וגם איחוד האמירויות הערביות התחילו בהקמת חומה בגבול עם עומן, מדינה מאוד, מאוד ענייה. אותו דבר עושה טוניסיה שמקימה חומה לאורך הגבול עם לוב אחרי התקפת מחבלים נגד מלון על חוף הים בה בה נהרגו 38 תיירים זרים. ויש גם חומה מאוד מפורסמת בין ארה"ב ומקסיקו: 3169 ק"מ בין אוויינוס השקט ומפרץ מקסיקו עם מטרות לבלום הגירה בלתי חוקית. מי דרש אותו? הנשיא הדמוקראטי קלינטון. מבישה עוד יותר החומה של ריו דה ג'ניירו משנת 2008, חומה באורך 11 ק"מ ובובה 3 מטרים מסביב לפבלאס של העיר; חומה דומה היא זו של בואנוס איירס משנת 2009, גדר בגובה 3 מטרים כדי להפריד בין השכונות העשירות לאלו של העניים במחוז סאן איסידרו.

גם איטליה הקימה, כנראה, הרבה גדרות בטחון; החומה של פאדובה, גדר של לוחות מתכת ותשתיות קבועות באורך 80 מטרים, שהוקמה ב-9 לאוגוסט 2006 על יי ראש העיר זאנונאטו כדי להפריד את הגטו של רחוב אנללי מיתר הרחובות בשכונה; עוד חומה של בושה הוקמה על האוכף של Sant'Osvaldo, בין Cimolais ו-Erto בעקבות האסון של Vajont (רעידת אדמה) כדי למנוע את חזרתם של המפונים. וזה לא הכל. החומה באזור קליארי, שפורקה ב-1998, ולאורך קטע מסויים הפרידה בין העיירות Selargius ו- Quartucciu, בפועל הפרידה בין שכונה עממית לאחת הרבה יותר נחשבת.

התאוששתם? עכשיו תבינו כמה אבסורדי זה שבאים בטענות לישראל שמשתמשת בחומה – שלאורך 90% ממנה אינה כזאת – ולא לשם מטרות מבישות של בלימת ההגירה, אלא אך ורק מסיבות בטחוניות ונגד התקפות מחבלים.

אפילו באו"ם – עד כמה שזה נשמע הזוי – לאחר התקפת מחבלים נגד משרדיהם בבגדאד, הקימו גדת בטחון בעלות של 21 מיליון דולר במטה הכללי שלהם בניו

יורק. כן, כן, ממש אלו שבאים בטענות לישראל –בכל הכח – על כל נושא שישראל מעורבת בו.

הרשו לי סוף סוף לשבור *חומה* הפעם של שתיקה וצדק, ביחס לתביעה שנויה במחלוקת. ב-11 למאי 2022, בעת חילופי אש בין מחבלים פלסטינאים וכוחות צה"ל, נהרגה שירין אבו עאקלה, עיתונאית אמריקאית-פלסטינאית שעבדה באל *ג'זירה* בג'נין. רשת *CNN* ומייד אחריה *New York Times* מייד טענו שהקליע ללא צל של ספק הוא ישראלי וכל זה מבלי לדעת אם גופת האישה המסכנה עברה ניתוח לאחר המוות. ומה עם הבדיקה הבליסטית, מאחר שגם צה"ל וגם המחבלים הפלסטינאים משתמשים ברובי *M 16*? לאחר אין ספור תירוצים שהמציאו ad hoc, הפלסטינאים לא יכלו אלא למסור אותו גם אם בלי חשק לקצין האמריקאי Michael R. Fenzel (מדינה קשורה לעניין מאחר והיא הייתה גם אזרחית אמריקאית); מתוך חשש שהאמת תצא לאור, הציגו את הקליע במצב כזה שכל אחד שמבין בבליסטיקה, ידע שכלום לא ייצא מהחקירה הזאת. על מנת לסגור את המעגל: במסיבת עיתונאים שקיים אחיינה ויקטור אבו עאקלה בקפיטול בארה"ב הוא אמר: *"רוצים לדעת מי לחץ על ההדק ומדוע"*.

גם הם יודעים שאין שום בטחון, כנגד כל מה שכותבים חולי "פלסטיטה" או החישוב שנעשה בצה"ל ב-5 לספטמבר 2022. אבו עאקלה עבדה באזור למעלה מ-20 שנה מבלי שנגרם לה כל נזק וגם לא *"לעיתונאים אחרים אנטי ישראלים"*. אך לאמצעי התקשורת *"תליינים של הלילה* ושל היום האשמה היא (תמיד) של ישראל. ללא הוכחות.

פרק 5 – הדמוקרטיה היחידה במזרח התיכון

• • • •

אנטי גזענות תוצרת הארץ

*"אנו מושיטים יד לכל המדינות השכנות ועמיהן להצעה של שלום ושכנות טובה,
וקוראים להן לנהל קשרי שיתוף פעולה וסיוע הדדי עם העם היהודי היושב באופן ריבוני
על אדמתו לטובת הכלל".*

אז מה זה? ובכן, זהו הטקסט הרשמי של מגילת העצמאות של מדינת ישראל
(בין-גזעי, בין-דתי, חופשי ודמוקרטי). קרוב ל-21% מתוך מעל לתשעה מיליון תושבי
ישראל הם ערבים; הרוב המוחלט מהם – קרוב ל-83% - הם מוסלמים, 9% דרוזים
ו-8% נוצרים. יותר בפירוט עם ישראל מגיע ממעל למאה מדינות שונות (יש גם את
הבהאים, צ'ירקסים ועוד קבוצות אתניות); קרוב למחצית מאוכלוסיית ישראל מקורה
מאפריקה, המזרח התיכון ואסיה.

ברמה הלאומית קרוב ל-20% מהסטודנטים באוניברסיטאות הם ערבים, 35%
מהרוקחים הם ערבים ורבים מהם פועלים בתחום המשפט או בתחום הבריאות
(מדובר על 12.5% מהרופאים ו-11.3% מהאחים). גם במסעדות יוקרה *השפים*
הידועים הם לעיתים קרובות פלסטינאים; אותו סמי תמימי, אחד הטבחים המוערכים
ביותר בעולם (כעת הוא עובד בלונדון יחד עם הישראלי יותם אוטולנגי ויחד חיברו
הרב-*מכר* בתחום המטבח *(Jerusalem)* שימש *executive chef* במסעדת לילית בתל אביב.
היו גם שגרירים ערבים (בפינלנד עלי יחיה ב-1995) או סגן ראש עיריית תל אביב.

מעל ל-300,000 ילדים ערבים לומדים בבתי ספר ישראליים; בעת הקמת המדינה
לא היה בית ספר תיכון ערבי והיום קיימים מאות בתי ספר עם מערכת לימוד משלהם
ובשפה הערבית. הערבים מנהלים את כל העיריות שלהם, בתי ספר ובתי דין דתיים.
בישראל יש מקום לכולם: לדוקטור סוהיר אסאדי שהייתה האישה המוסלמית
הראשונה לנהל מחלקה בבית חולים בישראל או עמיתה רניה אל חטיב, האישה
הערביה הראשונה שהפכה לכירורג פלסטי. קפטיין בקבוצת הפועל תל אביב? ערבי.
מאג'אלי וואהבי, מהקהילה הדרוזית, שימש "כנשיא בפועל" של ישראל בגלל
הנבצרות הזמנית של הנשיא המכהן. ב-2022, בפעם הראשונה, שופט מוסלמי מונה
לבית המשפט העליון (זה לא הערבי הישראלי הראשון שמשרת שם); 9% מכל
השופטים הם ערבים ישראלים (ומתוכם 4% נשים). שופט של בית המשפט העליון
ערבי – בטקס ההשבעה סירב לשיר את הימנון המדינה: האם פוטר? האם נשפט? מה
פתאום! להיפך, ראש הממשלה נתניהו כיבד בפתיחות את החלטתו.

עכשיו שאלה קשה: למען הסקרנות כמה יהודים חיים בשטחים שהם בשליטת הרשות הפלסטינאית? אפס, כי אלה הקרויים *"מתנחלים"* יושבים רק בשטח C והם לא אזרחים פלסטינאים.

מספרים שהשפה הערבית בישראל הורדה בדרגה בעקבות אישור חוק הלאום בכנסת ב-2018. אבל זה לא נכון! באישור החוק לא נפגעה בשום אופן הזכות לשימוש בשפה הערבית בכל מקום (מבתי משפט ועד לכנסת). גם זה סוג של *fake news*.

ב-2022, מונתה חברת כנסת ערביה לקונסול כללי בשנחאי. בממשלה הראשונה של שרון היה שר ערבי, הדרוזי סלח טאריף; בישראל קיימת מפלגה לא ציונית ושמה *מק"י*, המפלגה הקומוניסטית הישראלית, שבשלב מאוחר יותר התפלגה לשניים (אחד לערבים ואחד ליהודים). מפלגות שמייצגות את העולם הערבי-ישראלי או ערבי בלבד, הן *רע"מ, בל"ד, חד"ש, הרשימה המאוחדת, ואמב ותע"ל*. בבחירות הכלליות של 2021 המפלגה *רע"מ* הפכה למפלגה הערבית הראשונה שותפה בקואליציה. לערבים יש 10 מושבים בכנסת (מתוך 120) נכון לכנסת ה-24, ארבעה מהם של רע"ם.

כמובן גם הגזענות אין לה מקום במדינה; בסיבובים בערים השונות תוכלו לראות אלפי אנשים בעלי גוון עור כהה המגיעים מאתיופיה, תימן והודו. לא, הם לא תיירים; הם אזרחים שווי זכויות במדינה. בסדרת מבצעים של רכבות אוויריות – שמעטים זוכרים או רוצים לזכור – התקיימו *מבצע משה* (1984), *מבצע יהושע* (1985) ומבצע *שלמה* (1991), בהם ישראל סייעה לקרוב ל-42.000 חברי הקהילה היהודית העתיקה במדינההאתיופיה, שסבלה מבצורת קשה, שהתחננו שיקחו אותם משם.

על *מבצע משה* William Safire ביקש להדגיש:

"לראשונה בהיסטוריה, אלפי שחורים עוברים ממדינה למדינה לא בשלשלאות, אלא עם כבוד, לא בתור עבדים, אלא בתור אזרחים".

Julius Chambers, בזמנו המנהל הכללי של N.A.A.C.P. (ראשי תיבות של *National Association for the Advancement of Coloured People*), שזו קרן להגנה חוקית וחינוך, כתב על כך:

"אם הקורבנות של הבצורת באתיופיה היו לבנים, רבות ממדינות העולם אולי כן היו מציעות מקלט. אבל האנשים שמתים כל יום באתיופיה וסודן הם שחורים ובעולם שבו הגזענות רשמית מגונה על ידי כל ממשלה מסודרת, רק מדינה אחת לא אפריקאית פתחה את שעריה ואת זרועותיה. המבצע ההומניטרי השקט של מדינת ישראל, מבצע שלא התחשב בצבע עור הנמלטים, מרחף מעלינו כמו גינוי הגזענות הרבה יותר מעשית מהמון נאומים פשוטים או אמנות".

האם צריך להוסיף עוד משהו? מצד שני, משנת 1957 ועד 1973, ישראל לא רק קלטה והדריכה אלפי יוצאי אפריקה כדי שיהיו זהים בכל ליתר האזרחים הישראלים, אבל נשלחו גם אלפי ישראלים לאפריקה להדרכה במקום. בחודש מאי 1994 נשיא המדינה, עזר וויצמן, הוזמן לטקס ההיסטורי של השבעת נלסון מנדלה כנשיא השחור

הראשון בדרום אפריקה. האם קיימת עוד מדינה מערבית שבה שבה הד.ב.א. הדמוקרטי בולט מייד כמו בישראל: חלק גדול מאמצעי התקשורת הם נגד הממשלה (*הארץ, ידיעות אחרונות וכו'*). מערכת המשפט היא עצמאית לחלוטין גם מפוליטיקה; שופטערבי הוא שגזר את דינו למאסרשל נשיא המדינה (קצב). זה שישראל היא מדינה דמוקרטית בולט לעין גם בכך שפוליטיקאים לא מעטים עברו חקירות, הורשעו וגם נדונו למאסר, בינהם שרים לשעבר (ליברמן), ראש ממשלה (אולמרט), קרובים של ראש ממשלה (הבן של שרון).

בואו ונראה מה כתב עיתונאי, ניטרלי לחלוטין, Benjamin Pogrund שכתב את הספר:

Apartheid? Israel is a democracy in which Arabs vote.

הוא בעצם אזרח ישראלי, יליד דרום אפריקה, שנלחם נגד האפרטהייד במדינה ההיא. הנה אנקדוטה סמלית שסיפר:

"לפני שנתיים עברתי ניתוח חשוב מאוד בירושלים; ובכן, המנתח היה יהודי, המרדים ערבי, יתר הרופאים והאחים היו גם יהודים וגם ערבים.

Kenneth Meshoeהוא חבר הפרלמנט הדרום אפריקאי ומנהיג של African Christian Democratic Party.הזדמן לו לבקר בישראל יותר מפעם אחת ולדעתו טענות האפרטהייד הן אבסורד, שקרים על מה שבאמת היא ישראל ועל מה שבאמת היה *האפרטהייד*.

ישראל אינה מכירה שנאה ולא רוחשת טינה גם לא לגבי מראדונה, שתמיד תמך פומבית במאבק הפלסטינאים כשהשיא היה במלחמת עזה ב-2014, באומרו שהמדינה היהודית מקיימת *"פעולות מבישות"* כנגד הפלסטינאים. למרות הכול ובמיוחדות גם ראש ממשלת ישראל וגם הנשיא ראובן ריבלין הביעו את צערם על לכתו מן העולם.

האם הכל ורוד? בוודאי שלא; בשטחים מצב הפלסטינאים הוא לחלוטין שונה. עם פרוץ *האינתיפדה השנייה* נאלצו להפריד בין כבישים עליהם נסעו ערבים ואלה עליהם נסעו יהודים; היה גם נסיון לחזור למצב הקודם אך אז התחדשו ההתקפות של המחבלים; אותו סיפור תקף בקשר לנקודות הביקורת המפורסמות (checkpoint) שהקשו על התנועה. מצד שני ישראל לא העניקה אזרחות לפלסטינאים באותו אזור כי זה היה מתפרש כפרובוקציה, כלומר הכרזה על סיפוח שבפועל לא קיים.

האם יש הבדלים בין יהודים ויתר הקבוצות האתניות שבמדינה? כן; ערבי ישראל אינם מתגייסים לצה"ל רק כדי לא להכריח אותם להילחם נגד האחים שלהם במקור. אבל, אם ברצונם בכך, הם יכולים להתנדב וכך עשו מעל ל-1.000 ערבים בשנת 2020 שהתגייסו לצבא, בסדיר וגם כמילואימניקים. ואנחנו מוצאים עדיין בדואים מתנדבים בצנחנים; ולבסוף, לבשה מפורשת שלהם, הגיוס הורחב גם לדרוזים ולצ'ירקסים.

יש עוד נקודה שדורשת הסבר והיא הגזענות כביכול ברכישת קרקעות בישראל. מאז שנת 1900 *הקרן הקיימת לישראל*קיבלה מנדט מצד *הקונגרס הציוני העולמי*

לרכוש קרקעות בפלסטין כדי לעודד התיישבות יהודית, קרקעות שהועברו בזמן מלחמת העצמאות לממשלה עצמה. ובכן, בניגוד לכל לכל מה שממציאים, 92% מכל הקרקעות הישראליות מנוהלים היום על ידי *מינהל מקרקעי ישראל*. אי אפשר למכור אותן לאיש אך ניתן להעביר בהחכרה לכל אחד בלי קשר לגזע, דת או מין. ויתר 8% שייך לפרטים.

לעומת זאת נקרא את האיום, כהרגלו, של אבו מאזן ב-28 ליולי 2010 לתקשורת הערבית: *"לעולם לא ארשה לישראלי לחיות במולדת שלנו פלסטין"*. מי כאן הגזען?

שגריר ישראל באזרביג'אן ג'ורג' דיק, ערבי ישראלי יליד יפו, סיפר בראיון למגזין האמריקאי *Tablet*, על מפגש עם עיתונאי נורווגי שנדהם מזה שלישראל יש שגריר ערבי. מופתע, שאל אותו:

אבל, איך? אתה ישראלי? אבל אתה לא ערבי?!"

• • • •

פלסטינאים נגד "ערב אל-זבדה" וקצפת ערבית

האם ישראל מפגרת ביחס לזכויות האזרח? לא ולא. מספיק לדעת שבכל כיתה יש ילדים של *SSC, Same sex couple;* באופן כללי שיטת ההכרה בזכויות הלהט"ב היא בין המתקדמות בעולם. ב-1991 אפילו כוחות הבטחון הישראליים ביטלו כל הפליה על בסיס של נטיות מיניות; הוכחה לכך *החוק להזדמנויות שוות*, שעבר שינוי כדי להגן על הזהות המינית.

ב-1994 היה *תיק דנילוביץ* (דייל אוויר בחברת התעופה אל על) שקבע שבזוגות להט"ב לבן זוג יש אותן זכויות שיש לזוג הטרוסקסואלי, ובכך סלל את הדרך לסדרה ארוכה של זכויות לזוגות אלה; ב-2005 נקבעה בחוק הזכות לאמץ את הילד של בן הזוג. *בכנסת חברים הומואים מוצהרים;* בית הדין הגבוה לצדק קבע שלזוגות הלהט"ב יש זכות להטבות עבור בן הזוג או האלמן. ישראל גם חתומה (משנת 2011) על *אמנת ההגנה לזכויות הלהט"ב* של האומות המאוחדות ומובן מאליו, היא מכירה בקיום משק בית משותף של זוגות חד מיניים.

ב-2006 הדמוקרטיה היחידה במזרח התיכון הפכה גם ליחידה שמכירה בפועל בנישואין חד מיניים שהתקיימו במדינות אחרות. הפונדקאות היא חוקית באותה מידה לזוגות השונים והפריות המבחנה משולמות לזוגות חד מיניים.

לבני הזוג הזרים של הומואים ישראליים ניתנת אשרת שהייה בארץ ולהם זכויות לכל ההטבות בתחום הפיננסי והאזרחי. הנה דוגמא אחת: פיאם פילי, משורר הומו אירני, ברח לישראל וקיבל מקלט מדיני. ב-2006 ישראל אירחה את *Love Without Borders: WorldPride,* אירוע שנמשך שבוע ומאורגן על ידי פעילי להט"ב מכל העולם. ב-2012 העיר הגדולה בישראל, תל אביב, נבחרה כעיר הטובה ביותר ללהט"ב

בעולם על ידי המשתתפים בתחרות בינלאומית עם תוצאה לא נתפסת של 43% מסה"כ הקולות בהצבעה און ליין ובכך דורגה הרבה יותר גבוה ממשל העיר סן פרנסיסקו עצמה. ב-8 ליוני 2018 קרוב ל-250.000 אנשים מכל העולם השתתפו *במצעד הגאווה* השנתי בתל אביב; שחקן ההומו הכי מפורסם בסרטים למבוגרים הוא הישראלי יהונתן אגסי. ומה עם הנשים? שומו שמים, יש להן את אותן הזכויות של הגברים; בחודש ספטמבר 2006 הושבעה דורית ביניש כאישה ראשונה נשיאת בית הדין הגבוה לצדק ומעל ל-44% מכל עורכי הדין הרשומים בישראל הם נשים.

וביתר המדינות במזרח התיכון? אנשי קהילת הלהט"ב אינם מוגנים במדינות ערב והאיסלם, לעיתים נדונים לתקופות מאסר ואפילו למוות. *ברשות הפלסטינאית* מעשי סדום – אפילו בהסכמה – עונשו מאסר הנע משלוש עד 10 שנים. ב-2016, לדוגמא, אפילו מפקד *בחמאס* (כן!), מחמוד אישתיווי, עבר עינויים ובסוף נרצח כי הואשם, בין היתר, שהוא הומו.

העיתונאי יוסי קליין הלוי תיעד שבזמן שלטונו של ערפאת, פלסטינאי הומו הועבר על ידי המשטרה לתוך בור בלי מזון ומים עד שהוא מת. אחד אחר נכלא *"ובמשך החקירות היו פוצעים אותו עם שברי זכוכית ולתוך הפצעים היו שופכים חומר ניקוי לאסלות"*. כמו כן, אזרח אמריקאי שעבר לגור בגדה המערבית יחד עם המאהב שלו, מצא מתחת לדלת ביתו מכתב איומים "מבית המשפט האיסלמי" ובו רשימה של חמש צורות של מוות הנהוגות באיסלם במקרה של יחסים חד מיניים, כולל סקילה ושריפה". התוצאה? ברחו לישראל עוד באותו יום וחיו בסתר כי "האחים הפלסטינאים" איימו עליהם בהריגה. להלוי נודע שהמשטרה של *הרשות הפלסטינאית* הכריחה הומו לשהות בתוך מי ביוב עד גובה הצוואר, הראש מכוסה בשק מלא צואה ואחרי זה הושלך לתוך תא חשוך ומלא חרקים: באחת החקירות המשטרה הפשיטה אותו והכריחה אותו לשבת על בקבוק *קוקה קולה*. גם הוא אחרי השחרור ברח לישראל מהחשש שאם שוב יתפסו אותו יסתכן במוות.

ומה עם הנשים? ב-2017 אמנדה חנה, צעירה שוודית-לבנונית זכתה בתואר מלכת היופי של לבנון, תואר שנלקח ממנה ללא עוררין כי האישה הצעירה ביקרה בישראל למטרות אקדמיות בניגוד לחוק החרם נגד ישראל. מה שהחמיר עוד יותר את המצב היה פוסט *בפייסבוק* בו העידה שטעתה לגבי הדעות הקדומות הרווחות לגבי ישראל. היא "הסתכנה" עוד יותר שאישרה: *"טעיתי...זה היה אחד השבועות היפים בחיי"*.

וועדת האו"ם לזכויות הנשים חושבת לנכון (וזה כל כך לא נכון) לגנות את ישראל, אך ורק את ישראל. מתעלמים לחלוטין מהתעללויות (אמיתיות) נגד נשים במדינות כמו אירן, תימן ואפגניסטאן. אפילו *UN Watch* ביקר את בחירת סעודיה לוועדה לזכויות נשים והעובדה שלפחות חמש מדינות חברות באיחוד האירופי באופן בלצי צפוי תמכו במינוי. וכמובן יש גם את .... הפן ההומוריסטי כמו זה של *Dubravka Simonovic*, "מומחית" האו"ם בנושא אלימות נגד נשים שאחרי ביקור בישראל

ובשטחים סיכמה שכאשר הגברים הפלסטינאים מכים את נשותיהם ישראל אשמה בכך! בשלטון *הרשות הפלסטינאית* אין חוקים הדנים באלימות בתוך הבית; אונס האישה מצד הבעל או הטרדות מיניות לא מהווים עבירה. החוק אינו אוסר אפילו את המילה הנשית.

גם במישור השוויון בין המינים וזכויות האזרח המרחקים, למרות הקרבה הגאוגרפית, הם עצומים. חוק משנת 1977 מעניק זכות להפלה חוקית במחיר מסובסד, ובמקרים מסוימים בחינם, לכל אישה העומדת בפני קריטריונים המקובלים בהרבה מדינות מערביות. הוכחה לכך, ב-2012, אושרו 21.104 בקשות להפסקת הריון מתוך 21.689 (כלומר 97%). בחודש ינואר 2014 *הכנסת* אישרה ריפורמה בחוק לכיסוי הוצאות רפואיות המאפשרת פרוצדורה *של* הפסקת הריון לכל המטופלות בגיל הנע מ-20 ועד 33 שנה, ללא קשר בנסיבות. ישראלים הסובלים מסרטן, *פרקינסון*, מחלת הנפילה, טרשת נפוצה, *מחלת קרוהן*, הפרעה כתוצאה מסטרס פוסט-טראומטי ובעיות רפואיות נוספות נהנו מטיפול בעזרת מריחואנה רפואית כבר באמצע שנות התשעים; מגדלים אותה במיוחד עבור אנשים אלו בשמונה חוות והיא נמכרת דרך רשת הפצה לאומית. שלא לשימוש רפואי, *לשכת האו"ם נגד סמים ופשע* מצאה שקרוב ל-10% מהישראלים משתמש במריחואנה למטרת הנאה.

אבל בואו ונתקדם למי שנחשבת כנקודה החלשה *של* ישראל; האם נכון *שההלכה* היהודית שוות ערך *לשעריה* המוסלמית והופכת את ישראל לתאוקרטיה? שני מכלולי החוקים האלה, כמו החוק הקנוני הנוצרי, מקורם בעצם בהתגלות אלוהית כפי שבא לידי ביטוי בספרי הקודש. אך מכאן מתחילים ההבדלים הגדולים; עבור ישראל הבסיס הוא *התנ"ך*; הוא יכול לעורר השראה לכלל או חוק מסוים אך אינו כלל או חוק בפני עצמו. לעומת זאת, הקוראן הינו מילת הנביא שהופכת מיד לחוק. במילים אחרות החוק האיסלמי זהו חוק מדינה בלתי מעורער ובלתי ניתן לשינוי בין איש לרעהו, אך בישראל אין הדבר כך. אפשר להתייחס לכללים דתיים אך לא יותר ולא פחות מזה, דבר דומה לאיך שהמערב מקבל השראה מהמסורת הנוצרית; בתוצאה הסופית, הכלל תמיד ניתן ל"הינדוס" על ידי כל ממשלה.

אחרי כל ההקדמה הנ"ל, האם זה מקרה שאלפי פלסטינאים, במיוחד בירושלים, מבקשים לנטוש את הרשות הפלסטינאית ולהפוך לישראלים ואלה שנשארים שם מקנאים בערבים הישראלים אליהם הדביקו את הכינוי "ערב אל-זבדה" כלומר "קצפת ערבית"?

פרק 6 – זה לא אמיתי אך......שווה לי להאמין לכם

. . . .

המפות של הפלסטינאים

הדגמת העימות הערבי-פלסטינאי, כפי שהיא מובאת כשקר מוחלט על ידי אמצעי התקשורת, אולי נמצאת בגרסאות השונות של המפות של מה שקוראים *"ההתפשטות הישראלית"* כפי שמופצות על ידי גורמים אנטי ישראליים בעשורים האחרונים, וחלק גדול מדעת הקהל העולמית מאמינה להם גם היום. מפליא אך זו האמת שאפילו איגוד לאומי איטלקי מכובד וחשוב מאוד, איגוד הפרטיזנים האיטלקיים, במשרדיו ברומא דאג להפיץ, מבלי שהיה מודע לכך, את הגרסה הכי מטופשת שלהן.

אך נעשה סדר: הגרסה הראשונה (הקרויה *"מפת הכיבוש הישראלי של פלסטין"* או עם *שמות* אחרים דומים) *שייכת* לשנים 50-60 והיא תוצאה של הדמיון הפורה של ‏AIC)‏ *Arab Information Centre*) *שנהנה* אז מהסיוע הכספי של 14 מדינות ערב כדי לעזור למאבק הפלסטינאי. מבין החוברות הרבות שהגוף הזה הפיק, האחרון היה *ההתפשטות הישראלית* משנת 1967, שירד לדפוס אחרי מלחמת ששת הימים. למה אני מציין זאת?

כי ממש שם אנחנו מוצאים את פרסום הטיוטה הראשונה של המפה (נכונה ל-1967) איפה – שימו לב – שמות ישראל ופלסטין אינם מופיעים בה; האזור, אכן, נחשב על ידי ה-AIC כחלק של ירדן בכל ארבע המפות (1947, 1949, 1956 ו-1967). זאת העקביות של החזית האנטי ישראלית -שאז – לא ידעה אפילו מה זה פלסטין.

אך נתקדם לפי סדר; המפה הכי מפורסמת והכי נפוצה היא זאת שהופיעה אחרי זאת של 1967, המזוההה כ- *. "Palestinian loss of land 1946 to 2000"* מדובר באופן כללי בארבעה צילומי מפות, הראשון מביניהם כמעט כולו בצבע ירוק. זה כדי "למכור" לעולם שעוד לפני תוכנית החלוקה של האו"ם היתה קיימת מדינת פלסטין עם אזורים קטנטנים ישראליים. הכיתוב על המפה, בין היתר, הוא "פלסטין" ולא "מנדט פלסטין" (שזה היה צריך להיות הנוסח הנכון). זה שהאדמות האלה, בהתאם לתנאי המנדט של פלסטין, היו צריכות להפוך לחלק מהמדינה היהודית‏מאוד נח לשקרנים להשמיט את זה.

המפה השנייה בסדרה מייצגת את תוכנית החלוקה כפי שאושרה על ידי האו"ם ב-29 בנובמבר 1947 ש-(זה לא מצויין בה) נדחתה על ידי הערבים. זו היתה, אם כך, "מדינה ערבית" רק בפוטנציה. וכמעט שכחתי: אינני כולל את השקר הנוסף במפה כי במציאות החלק של ירושלים לא הוגדר כשטח פלסטינאי גם לא על ידי האו"ם.

במפה השלישית הכוונה היתה להבליט את המצב נכון ל-1967 ואז להציג כביכול את תוצאות האימפריאליזם הישראלי. חבל רק, כפי שהוכחנו בהרחבה עד כה, שזה לא שישראל תקפה את מדינות ערב לאחר חלוקת האו"ם; היו אלה המדינות ערב שגרמו לתגובה הישראלית. ואם היה רק זה דיינו. המפה הזאת משמיטה בלי בושה את הנסיגות השונות שישראל ביצעה במשך השנים; ישראל אכן *כבשה* שטחים, על מנת ליצור רצועות בטחון במלחמות הגנה אך כפי שציינו שטחים אלה בלא מעט מקרים הוחזרו עם נסיגות מתמשכות כדי לקדם איזה תהליך שלום. אתם כבר אמורים לזכור זאת, נכון?

מלבנון בשנים 1949, 1978 ו-2000; מסוריה ב-1974; מסיני ב-1949, 1957 ו-1982; מערים בגדה המערבית ב-1995; מרצועת עזה ב-2005.

אך הדבר המדהים ביותר הוא, כפי שכבר הקדמנו וכתבנו, גם במפה הזאת מבליטים בצבע ירוק הכביכול "אדמה פלסטינאית"; אבל, למען השם, איפה היא? ניקח את החלק הראשון של המפהשבו החלק הירוק תופסכמעט את כל התמונה כדי ליצור את הרושם שמאז ומתמיד השטח הזה היה שייך לפלסטינאים; שקר בעליל. כפי שכולנו כבר יודעים היטב, באזור הזה מעולם לא ישבו ערבים פלסטינאים (גם לא אחרים למען האמת); דוגמא טובה היא אזור הדרום, כלומר הנגב. זו לא היתה אדמה של הפלסטינאים כי כל האזור היה בבעלות ציבורית או בבעלות אדונים שישבו בדמשק או ביירות. ונוסיף על כך שאדמות אלו לא היו תחת ריבונות פלסטינאית כי פשוט מדינה פלסטינאית לא היתה קיימת אף פעם.

המפה הרביעית, נכון לשנת 2000, היא היחידה איפה האזור הירוק "הפלסטינאי" יכול להתאים לאמת. יש לזכור שישראל היא שהעבירה שטחים אלו *לרשות הפלסטינאית* במסגרת ההסכמים של השנים 1993 - 1995 בציפייה להסכם סופי על סטטוס השטחים המכונים C-ו A, B בנוסף לרצועת עזה.

אחרי מפה זו התפרסמו עוד הרבה אחרות והשקרית ביותר מבינהן הוצגה ללא בושה, במשך נאומו במועצת הבטחון של האו"ם ב-2020, על ידי הנשיא של *הרשות הפלסטינאית* בכבודו ובעצמו אבו מאזן. כותרתה היתה "*הפשרה ההיסטורית של הפלסטינאים תוכנית טראמפ*". מיותר לחזור על הסיבות בגללן פעם אחר פעם מפיקים את אותוצמצום דמיוניהולך וגדל של מה שקוראים שטח פלסטינאי. השוני היחידי הוא העדכון, עם מפה נוספת, עד "*לתוכנית טראמפ 2020*". אז השלוש הראשונות מציגות את ההונאה הפלסטינאית, לפי תמונות, ביחס לתאריכים "*1917 – פלסטין ההיסטורית*", "*1937 – וועידת PEEL*" ו-"*1947 – חלוקת האו"ם*", כדי להמשיך עם זאת שהכרנו *של "1967*" ולבסוף האחרונה מעובדת ל-"*2020*".

בנוסף, קיימת עוד גרסה *של המפה* שונה מקודמותיה עליה כתוב בכותרת, "*אדמת האומה האיסלמית*". וכאן מגיעים למסקנה; עבור הערבים לא קיימת אדמה

פלסטינאית, אלא כולה אדמה של האומה האיסלמית שיש לכבוש בכל מחיר. שם ובכל מקום אחר.

זהו אימפריאליזם אמיתי. אימפריאליזם פלסטינאי.

● ● ● ●

השקרים לא מחזיקים מים

ואם נספר לכם שאפילו הנשיא של הפרלמנט האירופי הפיץ שקר גס נגד ישראל, הייתם מאמינים? ברור שלא, ובכל זאת גם זה קרה.

ב-12 לפברואר 2014 בנאומו בכנסת למרטין שולץ היה האומץ לטעון כך:

"צעיר פלסטינאי שאל אותי מדוע הישראלים יכולים להשתמש ב-70 ליטר מים והפלסטינאים רק 17? לא בדקתי את הנתונים אך אני שואל: האם זה מוצדק?".

אפילו אם נניח בצד את המשפט המפתיע "צעיר פלסטינאי שאל אותי", נבדוק את הנתונים הבלתי ניתנים לערעור. כמות המים עבור הגדה המערבית סוכמה בין שני הצדדים במסגרת הסכמי אוסלו; בפועל 33% של המים באקוויפרים מתחת לגדה המערבית הולכים לפלסטינאים. ב-2007 הרשות הפלסטינאית נהנתה מ-200 מיליון מ"ק מים, מתוכם 51,8 מיליון סופקו על ידי ישראל, כלומר יותר ממה שהייתה צריכה לפי הסכמי אוסלו ופריז; הבעיה היא שבפועל השתמשו רק ב-180 מיליון.

הפרופסור גבירצמן, העובד בשביל רשות המים, הבהיר כל פרט:

"הוועדה המשותפת ישראלית-פלסטינאית העניקה קרוב ל-80 אישורי קידוח לפלסטינאים, מרביתם כדי לשאוב מים מהשכבה המזרחית. למרות זאת, הפלסטינאים מנצלים פחות ממחצית מאישורים אלה".

גבירצמן הוסיף שמתוך 52 מיליון מ"ק של מי שפכים שמייצרים הפלסטינאים בשנה, בקושי שני מיליון עוברים קודם דרך מפעל הטיהור של אל-בירה; התוצאה היא שמי השפכים של הפלסטינאים, לא מטוהרים (מדובר בקרוב על 17 מיליון מ"ק בשנה), זורמים בנחלים ובעמקים של הגדה המערבית ומזהמים את השכבה האקוויפרית ההררית גם ליהודים וגם לערבים. האם ישראל אשמה בכך שקרוב ל-35% מהמים בשטח באחריות הרשות הפלסטינאית חסר בגלל נזילות, גניבות ותחזוקה לקויה? אם כל זה לא מספיק, אותו גבירצמן מזכיר שכל אזרח ישראלי משלם עבור צריכת המים שלו יותר ממה שצריך על מנת לאזן את הפסדי ישראל בהינתן שהמים לפלסטינאים מועברים במחירי הפסד.

והאם מניעת אספקת החשמל לכאורה לפלסטינאים היא מבוססת? החשמל מסופק לאזור שבשליטת *הרשות הפלסטינאית*, על ידי ישראל וכך גם, אפילו אם חלקית, זה שמסופק לעזה. הרשות הפלסטינאית דורשת אפילו לא לשלם על כך (מבלי לספור כל אלה – והם רבים מאוד – שנהנים ממנו בצורה פיראטית). למרות חוב

של כמה מאות מיליוני דולרים ישראל מעולם לא הפסיקה את האספקה; גם אם, כמובן מאליו, יכלה לעשות זאת. ותחשבו שאותו חשמל משמש גם לבתי החרושת של טילים שנורים אחר כך נגד ישראל... הרשות הפלסטינאית הציעה תוכנית הבראה שלא מתקבלת על הדעת: מתוך כל אותם מאות מיליוני דולרים היא דרשה מחיקת החוב ב-50% ואת היתרה לפרוס לתשלומים במשך 10 שנים. ממש בדיחה!

אבלבאופן כללי, כפי שראינו במקרים רבים, במשך 75 שנההאמצעי התקשורת זייפו או הפכו את העובדות לרעת ישראל; בתקופת *האינתיפדה* הראשונה הפלסטינאים הסתירו כמעט לחלוטין מוטות ברזל, סכינים, גרזנים ובקבוקי *תבערה*, ובכל זאת ממשיכים לדבר על המיתוס של "מלחמת האבנים" או של הקרב בין דוד (הפלסטינאים) נגד גוליית (הישראלים). מי שמספק (או נמנע מלספר אמת) מידע עושה את עצמו לא יודע שכבר אחרי החודש הראשון של *האינתיפדה* היו 56 פצועים מקרב חיילי צה"ל ו-30 מבין האזרחים מהסיבה הפשוטה שלא היה רק ידוי אבנים אלא גם 100 בקבוקי תבערה ושלושה רימוני יד. האבנים גם מסוגלות להרוג; הוכחה לכך בחודש אוגוסט 2001, ילד בן 11 במקדוניה הרג עם אבן חייל בריטי השייך לכח משימת השלום במקום.

האיתיפדה אם כך התפתחה בצורה אלימה, עם אבנים, לבנים, רוגטקות איתן נזרקו אבנים וגם כדורי מתכת, בנוסף למוטות, סכינים וגרזנים. יש מי שמתבדח שהאבן הראשונה בירושלים הונחה לפני 3000 שנה והראשונה נזרקה כמעט לפני 70 שנה...

לא היו חסרות גם תאונות הדרכים כתוצאה מהשמן שנשפך והמסמרים שפוזרו בכוונה על הכבישים; ב-18 החודשים הראשונים צה"ל ספר קרוב ל-41.000 תאונות קשות. על כך נוסיף 41 מקרי ירי מנשק קל, 38 התקפות עם רימוני יד, 127 פיגועים עם מטענים ו-102 תקיפות פיזיות, לרוב עם נשק קר. עוד הוכחה להידרדרות המצב היא הקריאההלפלסטינאים שעברו את הגבול יום יום להפסיק את הנסיעה לעבודה בישראל – החל מחודש ינואר 1988 – פן יפגעו בהם על ידי זריקת אבנים נגד האוטובוסים בהם נסעו או אפילו נסיונות הצתה.

אם נרחיב את יריעת הזמן, במשך ארבע השנים הראשונות היו 3.600 זריקות של בקבוקי תבערה, 100 זריקות של רימוני יד ו-600 התקפות עם כלי נשק וחומר נפץ גם נגד אזרחים. בין ה-9 לדצמבר 1987 והחתימה על הסכמי אוסלו (13 לספטמבר 1993) נרצחו 160 ישראלים, ועוד כמה אלפי פצועים. אכן, לעיתים קרובות מעורבים בין מיידי האבנים היו פלסטינאים, לרוב שוטרים, חמושים באקדחים.

אך, כפי שהקדמנו וכתבנו, יש מאות ומאות המצאות פרו-פלסטינאיות כדי לצייר את ישראל באור שלילי. בספר *Isis SPA* בכל הרצינות, הגיעו לשיא השפל עם הצהרה שהארגון הטרוריסטי הערבי *ספטמבר השחור* ואז גם *"טבח היהודים בשדה התעופה בן גוריון ואולימפיאדת מינכן* סיפקו לקיצונים הישראלים התירוץ המושלם להפצצות

חדשות, דווקא כשנדמה היה שהלחץ הבינלאומי היה בדרך להוביל את הממשלה לשולחן הדיונים".

אותו טיעון – לפי ההדלפות יקרות המגיעות ערך המגיעות מ-*Spectre* ומ-*Diabolik*–גם לגבי הפיגועים בהאג ולרצח של שני סוכני בטחון חוץ צרפתיים המיוחסים ל-Ilich Ramirez Sanchez, הידוע בכינוי *קרלוס התן*.

לא מרוצה מזה שהצליח לרכז כל כך הרבה שטויות בכל כך מעט שורות, הכותב העלום חושב שמצא את האקדח המעשן:

"*היום יש לנו את ההוכחות שספטמבר השחור נברא על ידי ה-MI6 ומועצת הבטחון הלאומית האמריקאית, תחת השליטה הישירה של קיסינג'ר*".

דג שמן, נכון?

אך זה לא הכל כי, כבר נסחף ובלי בלמים, המשיך להשתולל:

"*מאז כיבוש מזרח ירושלים ב-1967 – ובמיוחד כיבוש בגדה המערבית – המלוכה הבריטית פעלה באמצעות אכסניית הבונים החופשיים האנגלית Quatuor Coronati ועוד אירגונים כדי לפקח על הקמת כתות יהודיות שמטרתן להתחיל מלחמות דת במזרח התיכון*".

בסדרה בלתי פוסקת שאפילו דמוסתנס היה מחוויר מולה, הוא ממשיך ומתמיד:"ב-2006, במשך המלחמה בין ישראל וחיזבאללה, הקצין הרוסי הבכיר Leonid G. Ivashov הסביר בצורה מאוד משכנעת את ההתקפה הישראלית נגד לבנון עם המטרות הבאות: בראש ובראשונה, ליצור תנאים מתאימים לתקיפת איראן, בהשתלטות על מאגרי הנפט והגז והשגת השליטה על נתיבי התחבורה; ובשלב שני, להתכונן לעיצוב מחדש של מפת המזרח התיכון בכח הזרוע".

ידוע לכל שישראל נסוגה מלבנון ושום דבר ממה שנכתב לא קרה.

כשצלילי הצופרים של האמבולנס היו נשמעים קרבים והולכים, הוא העיר כדלקמן:

"*Edward Snowden*', *החפרפרת של ה-Datagate*, סיפר שהביון הבריטי והביון של ארה"ב הקימו את דע"ש בעצה אחת עם המוסד".

בסוף ההזיה הזאת – כשכבר נראו באופק שני גברים בחלוקים לבנים כדי לאשפז אותו ולטפל בו – סיים כך את הקשקוש:

"*בהתאם למידע שמסר Snowden, הפתרון היחידי להגנה על המדינה היהודית הוא ליצור אויב בצמוד לגבולותיה*".

כאילו שאין אויבים כאלה. ישראל גובלת עם מדינות גדולות ממנה פי 640 פעם בשטח ועם אוכלוסיה גדולה פי 65 פעמים; 22 מדינות ערביות הגובלות עם ישראל הן אויבות, אין שום צורך ליצור (עוד) אויבים נוספים...

לאחר הגילויים המרעישים האלה, יש ממש להתאמץ במלא הכח כדי לא למות מחנק בגלל גל הצחוק ששוטף אותנו.

אבל גם לגבי *המוסד*, ושתי סוכנויות הביון הנוספות של ישראל, קיימת הילה של שלמות מוחלטת בעזרתה רוצים להקל את גודל כל התבוסות הערביות מול ישראל.

אכן, כדוגמא, מה שקרוי היה בזמנו ש י לא חזה את הפלישה הערבית לפלסטין ב-1948. *אמ"ן* לא הבין את התנועות המצריות והירדניות בחודש מאי 1967 ולא חזה מראש את ההתקפה הערבית של 1973. במלחמת לבנון של 1982 *המוסד* לא העריך נכונה את עויינות המוסלמים השיעים.

הש"ב ואמ"ן לא הצליחו אפילו לחזות חלקית את ההתקוממות הפלסטינאית ב-1987 בגדה המערבית וברצועת עזה.

אך נחזור לימנו אנו ולהמוני המצאות חסרות בושה אפילו סביב *הקורונה*, ועל איך התופעה נוהלה בשטחים. לפי ה- *Guardian*וה-*New York Times* ישראל אשמה בכך שלא חיסנה את הפלסטינאים תוך מתן עדיפות "למתנחלים".

שר החוץ הפלסטינאי העלה גם טענות שווא שישראל היא האחראית לאספקת החיסונים והיא "*מבצעת פעולות גזעניות של הפליה נגד העם הפלסטינאי*".

חבל שזיהו אחד השקרים המרעישים ביותר שנאמרו בחוסר תום לב. לפי הסכמי אוסלו האחריות בתחום הבריאות נופלת כולה על *הרשות הפלסטינאית* בשטחים שבשליטתה. מדובר על *הסכם ביניים ישראלי-פלסטינאי*, נספח 3 מיום 28 לספטמבר 1995:

"*השלטון והאחריות בתחום הבריאות בגדה המערבית ורצועת עזה יועברו לצד הפלסטינאי, כולל מערכת ביטוח הבריאות. הצד הפלסטינאי ימשיך ביישום הסטנדרטים העכשוויים של חיסון הפלסטינאים...*".

לכן המדינה היהודית לא קשורה בשום אופן. ובכל זאת, ישראל לא רק שביוזמתה חיסנה את הערבים הישראליים שהיו חשדניים במיוחד בנושא, אבל גם תושבים זרים כולל לא מעט אזרחי *הרשות הפלסטינאית* המתגוררים בירושלים.

תמיד הותר, על כל פנים, מעבר ציוד רפואי לא רק לכיוון השטחים שבאחריות הרשות הפלסטינאית ביהודה ושומרון, אלא גם לכיוון עזה. מדינת ישראל תרמה אלפים של ערכות בדיקה לקורונה וציוד רפואי אחר, הכשירה צוותים והכינה חומר הסברה בערבית, הכל כדי להלחם במגפה מצד בני השיח הפלסטינאים.

ברור כשמש עכשיו שמדובר בתרמית ממש כל מה שנאמר בראיון לתוכנית החדשות *Democracy Now* על ידי אשת הקונגרס האמריקאית-פלסטינאית Rashida Tlaib שהגדירה את ישראל "*מדינה גזענית*" ו-*מדינת אפרטהייד* כי היא, לדבריה, מונעת מהפלסטינאים גישה לתרופות וחיסונים נגד וירוס הקורונה.

הערבים הישראלים מקבלים (או שכבר קיבלו) את החיסון, ובמחצית הראשונה של 2020, ישראל סיפקה הלוואה לרשות הפלסטינאית כסיוע למניעת משבר כלכלי והומניטרי. לבסוף אפילו שר הבריאות הפלסטינאי הכחיש את עצמו ואישר, כפי

שכותב דניאל סיריוטי ב-10 למרץ 2020, קבלת *קיטים*, מבחנות וציוד רפואי אחר מישראל לבקשת הצוות הרפואי בעזה.

"ניהול מגיפת וירוס הקורונה יש לו קדימות על פני כל שיקול פוליטי ושללא הסיוע הישראלי, עזה הייתה נמצאת במצב קשה מאוד במקרה של מגפה" לבסוף אישר פקיד במשרד הבריאות.

רק כדי שנבין: נכון ל-3 בינואר 2021 חוסנו בישראל יותר מוסלמים ביחס לכל מדינה אחרת במזרח התיכון!

במשך עשרות השנים האחרונות גם הרשות הפלסטינאית וגם *חמאס* בזבזו מיליארדי דולרים כשהעדיפו להוציא את כספם על טרור או שחיתות כפי שכבר ראינו במקום עלרמת החיים הציבורית.

הרשות הפלסטינאית מוציאה קרוב ל-14 מיליון דולרים לחודש כדי לשלם משכורות למחבלים היושבים בבתי כלא ישראליים ועבור המשפחות של מה שהם קוראים "שהידים". מוריס הירש העריך שעם הכסף הזה יכלו הפלסטינאים לרכוש 387.143 *קיטים* לבדיקות *קורונה*, או לחלופין 465 מכשירי הנשמה של ה-MIT במחיר מוזל. כמובן, קיימים הנוקשים והטהורים שמסרבים לקבל כל עזרה מישראל עבור הפלסטינאים ומתארים את היהודים כשטן כפי שעושה איש צוות המשא ומתן הפלסטינאי סאיב עריקאת שבשלב מאוחר יותר, כצחוק הגורל, נדבק בווירוס. ולאן פנה לקבל טיפול? לבית החולים הדסה בירושלים, אך מאוחר מדי ולא שרד.

אך השקרים נגד ישראל הם באמת בלי סוף ועשירים בדמיון. לפי מפעל השקרים הפלסטינאי, הסופר האיטלקי פרימולוי הצהיר: *"כל אחד הוא היהודי של מישהו אחר. היום, הפלסטינאים הם היהודים של ישראל"*. רק המשפט הראשון, ללא קשר עם הסכסוך במזרח התיכון, שייך לסופר. המשפט השני הוא תגובה לאותו משפט בביקורת משנת 1982 לספר *הזהו אדם* ממבקר בשם Filippo Gentiloni שכתב ב-"Manifesto". המשפט השלם נקשר לפרימו לוי במאמר משנת 2002 על ידי Joan Accoccella בעיתון *New Yorker*.

ומה נאמר עוד על משפט "חלול" נוסף של דוד בן גוריון, לעתיד ראש הממשלה הראשון של ישראל? הציטוט לקוח מתוך *The Birth of the Palestinian Refugee Problem 1947-1949* של בני מוריס שמצטטת מכתב זה משנת 1937:

"איננו רוצים ואין לנו צורך בגירוש הערבים ולתפוס את מקומם. כל השאיפות שלנו בנויות על ההנחה – כפי שמוכיחה כל הפעילות שלנו בארץ – שיש מספיק מקום במדינה עבורנו ועבור הערבים".

ובכן, נחשו מה?

השלילה שבמשפט הראשון נעלמה ובכך המשמעות שלה התהפכה לגמרי.

ההיסטוריון האנטי-ציוני המפורסם Ilan Pappe' ציטט בשנת 2006 ב-Journal
of Palestine Studies שוגם בספרו "The Ethnic Cleansing of Palestine" קטע ממכתב
ששלח בן גוריון, שוב הוא, בשנת 1937 לבנו:

"הערבים אם ויצטרכו ללכת, אך אנחנו זקוקים לשעת כושר, כגון מלחמה".

אותו ההיסטוריון בני מוריס – אף פעם לא נחמד כלפי ישראל – ב-2006 הגדיר את
המשפט *"כהמצאה"*. מצדנו נוסיף שהציטוט לא קיים באף אחת מהמקורות ש-'Pappe
מציין.

פשוט מביש.

• • • •

"פאליווד"

פאליווד היא שילוב בין המילים *פלסטין* ו*הוליווד*. דרוש באמת דמיון מרהיב כדי
להפיץ ים של שקרים, באמצעות כלי התקשורת, כמעט תמיד שותפים לכך.

נתחיל מייד עם הידיעה החזק שממש הומצאה לפיה, בשנת 2005, ישראל גרמה
למותה של אישה פלסטינאית בת 55 עם הקרינה של *מכונת ריגול* בנקודות הביקורת
ה-checkpoints. במה מדובר בפועל? מדובר במה שנקרא SafeView Millimeter Wave
Radar, פשוט סוג של גלאי *מתכות*, מאוד מתוחכם, תוצרת ארה"ב בו עשו שימוש
בטכנולוגיה ההולוגרפית (טכניקה ליצירת צילום תלת ממדי או לאחסון מידע בצורה
אופטית) של גל מילימטרי בטוח כדי לסנן נוסעים ממצרים בחיפוש אחרי נשק וחומרי
נפץ. כמובן שמה של אותה אישה שלכאורה "מתה" אף פעם לא נודע. מעניין למה...

ומה נאמר לגבי השקר הענק לפיו שעון ה- Big Ben, ממגדל השעון שבארמון
ווסטמינסטר בלונדון, בפועל הוא מגדל השעון – שנגנב על ידי הבריטים – משער
יפו בירושלים שהושלם ב-1909 במשך השלטון העותומני של הסולטן חמיד השני?
יכול להיות שכל הבלבול הפלסטינאי נובע מהסיפור המפורסם של היומון Al-Hayat
Al-Jadeeda מרמאללה, בשליטת הרשות הפלסטינאית, לפיו ישראל *"הציפה"* בסמים
את התושבים הערבים של ירושלים: בגלל זה קרוב ל-20.000 ערבים נהיו נרקומנים!
סביר להניח שגם חזירי הבר – שלפי עוד המצאה דמיונית שוחררו בגדה המערבית על
ידי הישראלים כדי להרוס את הגידולים החקלאיים ולסלק את הפלסטינאים מבתיהם
– סוממו באותה שיטה....

אתם מכירים את אונסקו, נכון? כן, ממש הגוף ההוא שייעד את ירושלים *"כבירה
של התרבות הערבית"*; או אפילו עוד יותר גרוע הזרוע הימנית שלה, כלומר Isesco
הגוף "התרבותי" של ארגון *הוועידה האיסלאמית*, לפיו האנדרטאות היהודיות הן
אוצרות האיסלאם שנגנבו על ידי הציונים והעבודות הארכיאולוגיות הן פשע נגד
המוסלמים. לפי טענה אידאולוגית אבסורדית זאת בשנת 2010, אונסקו, באופן

פתאומי, הכריזה *שקבר רחל ומערת המכפלה בחברון הם "מסגדים מוסלמים". החלטת אונסקו, תחת לחץ הרשות הפלסטינאית לשנות את שם "הר הבית" ל-al-Haram* ו-"*al-Sharif" "אל-אקצה*" זה משהו מתועב.

מתעלמים לחלוטין מהממצאים הארכיאולוגיים כמו למשל הכיתוב היווני מתקופת בית שני ליד שער האריות, והפינה שבה היו תוקעים בשופרות להכרזת כניסת השבת והחגים היהודיים, שנמצאו בחפירות לאורך הקיר הדרומי של המתחם; כאילו כל הציטוטים בתנ"ך, *במשנה ובתלמוד* הם שקריים. איך אפשר להאמין לבור ועם הארץ ולא לפרופסור מרדכי קידר?

"המקורות האיסלאמים הראשונים מעידים 'שמסגד אל-אקצה' (מילולית: *'המסגד הרחוק יותר')*, שמובא בקוראן רק פעם אחת, היה אחד מתוך שני מסגדים הממוקמים *בסביבות אל-ג'וערנה, ישוב שקם בין מכה לטאאף בחצי האי ערב (היום סעודיה)*. לכן, "אל-מסג'הד אל-אקסה" שונה מהמסגד השני ("*אל-מסג'הד אל-אדנה")*, כלומר *"המסגד הקרוב יותר"*. מעבר לכך, הציטוט בקוראן על המסע הלילי של הנביא מוחמד, *"מהמסגד הקדוש"* של מכה ועד אל-אקסה כלומר *"המסגד הרחוק יותר"*, מתכוון למסגד שבאל-ג'וערנה.

פרופסור קידר משלים כך את *חשיפת השקרים:*

"השקרנים של האיסלאם החליטו "להרחיב" אל-אקסה – שמיקומה האמיתי במציאות הוא במדבר הערבי – עד להכללת האזור כולו של הר הבית רק אחרי שהיהודים שחררו הכותל במלחמת ששת הימים".

מי יודע אם כך למה תחת השלטון הירדני אף אחד לא התייחס בשום צורה שהיא לאל-*אקסה* ורק אחרי זה נזכרו בכך...

וכאן מתחברים לעוד שקר דמיוני (דבר שגרם לכל כך הרבה שפיכות דמים בגלל האלימות הפלסטינאית); מדובר על הפלס-שקר לפיו מחבל יהודי ניסה להצית את מסגד אל-*אקסה* בשנת 1969.

מצחיקים הטיעונים שהושמעו בערוץ הרשמי של הטלביזיה של *הרשות הפלסטינאית Pmw TV* שהאשימה בכך את הניסיון "לייהד את האזור, להשתלט על המקום כדי להרוס את מסגד אל-אקסה ולבנות את בית המקדש במקומו". חבל רק שההצתה – נכון, הצתה – נגרמה על ידי תייר נוצרי אוסטרלי הלוקה בנפשו בשם דניס מיכאל רוהאן; הוא נעצר יום למחרת, הובא בפני שופט, דיננגזר והוא אושפז במעון למחלות נפש.

ואם כל זה לא מספיק, ביום 20 לספטמבר 2000, יום למחרת ביקור אריק שרון ברחבת אל-*אקסה*, כלי התקשורת הפלסטינאים קראו לכל "בני ארצם" לאסיפה כי היהודים רצו להרוס את אל-אקסה. בשנת 2013 עבאס חזר בלי בושה בפני עיתונאי סעודי *שקיצונים יהודים רצו להרוס את המסגד כדי לבנות מחדש את בית המקדש.*

ואם בשקרים מדברים; אתם מכירים את הסיפור של מוחמד אל-דורה, הילד בן ה-12 שהפך לסמל *האינתיפדה השנייה* ושבמשך 8 שנים סופר שנהרג מאש של כוחות הביטחון הישראליים? נתחיל מתחילת הסיפור. ב-30 לספטמבר 2000 נטען שמוחמד אל-דורה נהרג בגלל חילופי אש בין ישראלים ופלסטינאים. ישראל מייד לקחה על עצמה את מלא האחריות כדי לחזור בה אחר כך מאחר ובחינה בליסטית הוכיחה שהכדור הקטלני לא יכול היה לצאת מהעמדות של צה"ל. סרטון ההרג של הילד (בהנחה שבאמת נהרג) הוסרט על ידי טאלל אבו ראהמה – שקיבל אפילו פרס על עבודתו – עם קריינות של השליח של הערוץ *France 2* , צ'רלס אנדרלין, ובתוך זמן קצר הגיע לבתים של כולם בכל העולם.

אפילו בין לאדן התבטא בנושא: *"בהריגת הילד הזה הישראלים הרגו את כל הילדים של העולם"*. במשפט שהתקיים בעקבות כך הערוץ הצרפתי, לאחר כמה ניסיונות לסטות מהטיעונים, סיפק את הווידאו אך רקעם 18 דקות מתוך ה-27 שצולמו בפועל, וזאת, לדבריהם, כי הכתב לא רצה לצלם את רגעיו האחרונים של הילד. ובאמת בווידאו אי אפשר לקבוע את הרגע בו הילד מת אלא רק השלבים שקדמו או אלה שבאו מייד לאחר מכן; ודווקא בשלבים שלאחר המוות לכאורה רואים את הבלתי יאומן. הילד אל-דורה, לאחר שהוא ... מת, מרים יד אחת ופוקח את עיניו. האם מקרה חדש של לזרוס? ב-21 למאי 2008 בית הדין הצרפתי לא יכול היה שלא לטעון שהצבא הישראלי הוא לחלוטין נקי מכל אשמה. ולחשוב שבעולם הערבי יש כ-150 בתי ספר על שמו.

גם *טוויטר* מחלק לנו פל-שקרים. חולוד באדווי, פקידה במשרד לתאום העניינים ההומניטריים של האו"ם היושבת בירושלים ותפקידה שם הוא תאום מידע ותקשורת עמית, פרסמה תמונה תחת הכיתוב שמדובר בילדה פלסטינאית שנהרגה "על ידי ישראל" בעזה והוסיפה בטון בוכה *"שעוד אב מוביל את בתו לקבורה"*. לא יודעים איפה היא רצה להתחבא לאחר שהתגלה שזו הייתה תמונה של סוכנות רויטרס מחודש אוגוסט 2006 הקשורה לילדה מעזה קורבן של תאונת דרכים...

ועכשיו שאלה, האם ידעתם שישו היה פלסטינאי? ב-24 לדצמבר 2019 ליילה גהנם, מושלת אזורית ברמללה, בבוז על גבול הגיחוך, הצהירה: *"העם הפלסטינאי כולו חוגג את חג המולד כי אנחנו גאים שישו הוא פלסטינאי"*.

אבל, כפי שראינו והוכחנו, חבל ארץ זה אף פעם לא נקרא פלסטין אלא מאה שנה לאחר מות ישו; וזאת מבלי לקחת בחשבון שהערבים הגיעו לנצרת רק אחרי פלישת המוסלמים במאה השביעית לאחר הספירה. עוד חיזוק לכך: ישו, כמו יהודים אחרים, דיבר ארמית שלא נראה לי שהיתה שורש לשפה הערבית.

האם לדעתכם זה נכון שבתגובה לקרוב 700 טילים שנורו בסוף השבוע שבין ה-4 ל-6 במאי 2019 ישראל באמת גרמה למותה של אישה בהריון ובתה אבו אראר בת 14 חודשים? זה מה שטען משרד הבריאות בעזה, השייך לחמא,ס ושמייד הופץ כמו

מקהלת תוכים על ידי Sky News ב-6 למאי 2019, The Independent של ה-5 למאי 2019, Chicago Tribune של ה-4 במאי 2019 ו-CNN ב-4 למאי 2019. במקרה נדיר של יושר אינטלקטואלי אחד הארגונים האחראים על הירי לעבר ישראל, *הג'יהאד האיסלמי הפלסטינאי*, אישר שמות הילדה נבע מתקלה עצמית כאשר "טיל של ההתנגדות התפוצץ בתוך בית המשפחה לפני הזמן בגלל תקלה טכנית...". למען האמת ישרים עד גבול מסויים מאחר וההודעה שפורסמה ברשתות החברתיות נמחקה לאחר מכן.

עוד מקרה של שקרגס כזה ארע במשך מלחמת עזה בשנת 2012 ובו ה-BBC צילם קבוצה של פלסטינאים שנשאו לכיוון אמבולנס, לאחר פגיעה ישירה ישראלית, פצוע שלבש טי שירט וז'קט בצבע בז'. שלוש דקות מאוחר יותר אותו אדם (הפצוע לכאורה) התהלך, בריא לחלוטין, לטובת צילום נוסף בטלביזיה.

אבל יש גם רחפנים, כמו למשל בג'נין בשנת 2002, שצילמו את הבלתי יאומן.

במשך הלוויה אחד מהמתים לכאורה הובל בידיים כשהוא על אלונקה מכוסה בבד ירוק. והנה ההפתעה: מאחר והאלונקה התנדנדה יותר מדי, "המת" חשב לנכון להמשיך ברגל כשהוא קפץ מהאלונקה ובכך גרם לא מעט פאניקה בין המלווים. הוא בקלות יכול היה להיפצע...

יש מקרים (מעטים) שמישהו שילם על כך, למשל כשהופצו תמונות מביירות אפופת עשן שחור – כולן מזוייפות – פוטר הצלם של סוכנות *רוייטרס* בחודש אוגוסט 2006.

מישהו בוודאי יזכור את התמונה של גופת הילדה בת שמונה חודשים מחודש מאי 2018, לילה אל-גאנדור, שאב פלסטינאי הוביל לבית החולים בעזה באומרו שנהרגה בגלל גז מדמיע ישראלי. העיתון האיטלקי Corriere della Sera בעמוד הראשון אבל גם העיתונים הבאים Los Angekes Times, The Guardian, New York Times, Huffington Post, Mirror, Daily Mail ו-Washington Post, כולם מיהרו לקדש את "המתה" בגבול עם ישראל. בערוץ RAI האיטלקי הכתב Massimo Gramellini השווה את תמונתה של לילה "לתמונה של קארווג'יו": למות מצחוק אם לא היה נושא רציני כל כך. להלן ההסבר. לאחר שהמציאו שבוע קודם את הסיפור שלילה "מתה כתוצאה משאיפת גז מדמיע", לאותו משרד הבריאות תחת הנהגתו של *חמאס* לא היתה ברירה אלא לפרסם הכחשה עצמית. דובר המשרד, דוקטור אשראף אל קידרה, אמר שהתנהלה חקירה וש-:

"לילה אל-גאנדור אינה מופיעה ברשימת הקורבנות."

ביוני 2018 התגלתה אמת גרועה עוד יותר. פעיל בן 20 בשם עומר, קרוב משפחה של הקורבן, נעצר לאחר שפרץ את הגבול והצית עמדה צבאית והודה כדלהלן: *מנהיג חמאס בעצמו, יחיא סינוואר, נתן להורים של הילדה, מרים ואנוואר גאנדור, שמונת*

אלפים שקל, סכום השווה ל-2200 דולר או 2000 יורו, כדי שיספרו לכלי התקשורת שהילדה מתה מחנק בגז.

והנה לכם עוד "מעשה מגונה" של התקשורת: מהדורת החדשות TG 3 של הערוץ הממלכתי האיטלקי (מהשעה 14:30 ביום 22 לנובמבר 2009) "העניקה" לנו דוגמא של דברי חוכמה ממש. הכתב Filippo Landi , שליח הערוץ בישראל, תוך כדי דיווח על מספר הרב של טילים שנורו לעבר ישראל על ידי *חמאס*, הסביר שזה נעשה רק כדי למשוך את תשומת הלב על המצב בו נמצאים תושבי עזה. בקיצור זיקוקי דינור...נכון?!?

אחד השקרים הבולטים ביותר, ובגלל זה מעשה חמור מאוד, הוא זה שהחל בו ראש המשלחת הפלסטינאית לאו"ם, ריאד מנסור, שכתב בחודש אוקטובר 2015 לנשיא מועצת הבטחון האנגלי Matthew Rycroft כדי לטעון שהחיילים הפלסטינאים שנהרגים בקרבות על ידי ישראל מוחזרים למשפחותיהם ללא האיברים הפנימיים שלהם (*האשמה של סחר באיברים לצורך השתלה*). על אותה שטות חזר המופתי של מסגד אל-*אקסה*. הסיפור הזה, למען האמת, מסתובב ברשתות כבר משנת 2009 כאשר התפרסם מאמר בעיתון השוודי און ליין, *Aftonbladet,* מ-2009. העיתונאי החל מסיפור חדשות אמריקאי, בו היה מעורב גם רב, כדי להחיות תמונה ישנה שלו שצולמה בכלל בנסיבות אחרות: תמונת הגופה "שנתפרה מחדש". במציאות הגופה היתה שייכת למפגין, שנהרג זמן רב לפני כן בהתגשות עם המשטרה הישראלית. הפרקליטות הישראלית פתחה בחקירה, ביצעו את הניתוח של לאחר המוות לפני שהחזירו את הגופה למשפחה: בקיצור, הכל שגרתי. למזלנו או שלא למזלו של העיתונאי השוודי ה-*Jerusalem Post* גילה את השקר גם בגלל שאפילו משפחת המת לא חשדה ולא טענה אי פעם שנלקחו איברים מגופת בנה. להפך, משפחתו של בילאל אחמד גאנם, הוא הפלסטינאי שנהרג בחודש מאי 1992 בזמן האינתיפדה הראשונה ושממנו לכאורה נלקחו איברים, הכחישה שחשדה או שסיפרה "לעיתונאי השוודי" על לקיחת האיברים. Donald Bostrom, הידוע לקהל השוודי בגין ספרו *אינשללה: העימות בין ישראל ופלסטין*, הצדיק את עצמו וסיפר שאף פעם לא כתב על כך במפורש, אבל עצם העובדה שהגופה "*נתפרה מחדש*"...*עוררה שאלות*. אך החמיר עוד יותר את מצבו כשטען באוזני תחנת רדיו ישראלית:

"*על כל פנים אם זה נכון או לא, אין לי מושג, אין לי הוכחות*" (כן!).

כדי לסכם את העניין, אח של המת ג'אלל טען: "*אני לא יודע אם זה נכון, אין לנו שום הוכחה לכך*" והוסיף שהוא יחד עם עוד כמה מבני הכפר זוכרים שבעת ההלוויה היה צלם שוודי שהצליח לצלם מספר תמונות של הגופה, לפני הקבורה. "*זו היתה הפעם היחידה שראינו את הצלם ההוא*" סיכם. יתכן גם הפעם האחרונה מאחר וכדאי לו להסתתר אחרי הפארסה הלא ראויה.

ועכשיו הייתי זורק פצצת זרחן... לא, לא, לא לפחד, כפי שהוכח מהשטות התורנית לגבי שימוש חסר הבחנה של פצצות זרחן מצד צה"ל, המצאה מחודש ינואר 2009. מי הכחיש את השטות הזאת? לא, לא אנחנו אלא ישירות *הצלב האדום הבינלאומי*, שאף פעם לא הפגין עמדות פרו ישראליות, בהודעה שצוטטה על ידי ה- *Jerusalem Post* ב-14 לינואר:

"*הצלב האדום הבינלאומי הודיע ביום שלישי שישראל ירתה כדורי זרחן לבן בהתקפתה ברצועת עזה, אך אין לו הוכחות המעידות על שימוש לא תקין ולא חוקי*" (כלומר כדי לפגוע בעור ולשרוף אותו או לגרום לפצעים נוראיים).

בפועל, השימוש בו עשתה ישראל היה "*כדי להאיר מטרות בלילה או ליצור חומת עשן בהתקפות בשעות היום*" כפי שטען Peter Herby, ראש היחידה מוקשים-נשקים של הארגון ב- .*Associated Press* בא לשים לב אם כך, שימוש חוקי בהתאם לאמנות הבינלאומיות. אתם רוצים לראות את תוצאת פצצת זרחן על ילד פלסטינאי? לא לספר את זה לאף אחד אך התמונה שרצה, על הנזקים לכאורה של הפצצות הישראליות האלה, נלקחה מעמוד *ויקיפדיה* בגרמנית על מחלת אבעבועות רוח.

אך הפרס לשקר השנה יילך לידיעה שמסתובבת בכל מקום ושהופצה ב-22 לאוקטובר 2015 על ידי סוכנות הידיעות האירנית (*FarsNews*השם כבר מנבא בתוכו את הפארסה...) ששודרה גם באיטליה על ידי RAI. מדובר על הידיעה לגבי קצין בכיר ישראלי שנעצר בעירק כשהוא נלחם יחד עם פעילי דאע"ש.

למרבה הצער האיש שבתמונה הוא סמל ראשון אורון שאול שנהרג על ידי *חמאס* ב-20 ליולי 2014 במהלך*מבצע צוק איתן*...

ומה נאמר לגבי התמונה המאוד מפורסמת של ה- *New York Times*בעמוד הראשון מיום 30 לספטמבר 2000 ושהופצה על ידי ה- *Associated Press*ונראתה בכל העולם עם הכותרת "שוטר ישראלי ופלסטינאי על הר הבית"? בחזית התמונה רואים צעיר עם פנים מלאות בדם ומאחוריו שוטר ישראלי המנופף באלה בזמן ביקור אריק שרון על הר הבית והמהומה שקמה בעקבותיו. האמת היא שהצעיר היה סטודנט יהודי משיקגו, טוביה גרוסמן, שבתקופת ראש השנה עלה על מונית בירושלים יחד עם עוד *שניים* מחבריו. הנהג החליט לקצר את הדרך ולעבור דרך השכונה הערבית ו*אדי אל-ג'וז* אך לפתע פתאום המונית הותקפה על ידי קבוצה של כ-40 ערבים שהקיפו את הרכב, שברו את השמשות וגררו החוצה את הבחור; הרביצו לו שוב ושוב, בעטו בו, דקרו אותו ברגל והמשיכו לחבוט בראשו עם אבנים.

הצעיר הצליח להשתחרר וברח לכיוון שוטר שהיה שם דווקא כדי להגן עליו. מספיק היה להתבונן בתמונה, לראות שהתמונה לא צולמה על הר הבית כפי שהכיתוב מתחתיה אמר. אביושל הצעיר, שזיהה את בנו, התקשר למערכת העתון *New York Times* שלמרות האי נוחות נאלץ לפרסם הכחשה לכל הסיפור.

קרה גם שסוכנות הידיעות Reuters הפיצה תמונה בה "הושמטה" סכין שהייתה בידי מחבל הרוכן על חייל ישראלי פצוע בתקרית של האוניה הטורקית מאבי מרמרה.

אבל נביא להלן, אחד אחד, חלק מהשקרים שהופצו במשך השנים ונתחיל עם זה מה-11 למרץ 1997 כאשר הנציג הפלסטינאי לאו"ם (*מועדה לזכויות האזרח*) התלונן על כך שישראל הדביקה באיידס 300 ילדים פלסטינאים.

ב-2002 היה פייק ניוז נוסף שהייתי מעמיד לפרס האוסקר ושחונק אנשים מרוב צחוק כשסופר שישראל פיזרה סוכריות רעילות ממסוקים.

ומה נאמר על הסיפור משנת 2003 כשהופץ שישראל ייצרה פצצות ומוקשים בצורה של צעצועים והשליכה אותם ממטוסים?

עוד צחוק גדול יווצר אם נחשוב על הפייק ניוז שהרבה כלי תקשורת חזרו עליו (ביניהם TG 2 וה- *Corriere della Sera* מה-4 ביוני 2011) ובו סופר על כלב שנסקל בירושלים על ידי אותם יהודים בוגדנים.

עוד סיפור מחודש אפריל 2012 שעשה סיבוב בעולם ונולד מהעיתון *L'Express* שפרסם חיילים ישראלים לכאורה המתעללים באסיר פלסטינאי (לא אמיתי) תוך כדי איום בנשק שלהם. או, סליחה, מכחיש הכל, הכל היה פיברוק של פלסטינאים בלבנון; אין טעם אחר כך לבקש סליחה כפי שהעיתון הנ"ל עשה, הנזק כבר נעשה.

סילפו את האמת גם כאשר Open פירסם סרטון ווידאו מההלוויה של שירן אבו עקלה כדי להראות איך ישראל ניסתה למנוע את קיומה לפי הטקס הקבוע. האח של העיתונאית, אנטון, הצהיר לרשת אל-*ג'זירה* שהמשפחה, שהיא נוצרית, ביקשה שארון הקבורה יובל – לפי המקובל אצלם – על קרון המתים. הפלסטינאים "חטפו" את ארון הקבורה בכח והתכוונו להמשיך ברגל, עם הארון על הכתפים, לפי המקובל אצל המוסלמים בהלוויית *השהידים*. זאת הסיבה על התערבות השוטרים הישראלים שרצו לכבד את רצון המשפחה.

לצערנו גם בדף *הפייסבוק*, שבו היה כותב גם Giulietto Chiesa (חבר עצמו בפרלמנט האירופי לשעבר)לא חסרה רוח השטות. בעמוד הנושא את שמו פורסמה ב-4 לאוגוסט 2014, כנראה מבלי לבדוק, תמונה משנת 2009 ובה רואים ילדה הסוגרת את עיניי הבובה שלה (כדי שלא תראה את מעשי הזוועה הנובעים *ממלחמת השמד* שעושה ישראל). אם אפשר יש להודיע לו שהתמונה הנ"ל צולמה בכפר הררי ליד בורסה בטורקיה על ידי הצלם Fatih Ozenbas Photography.

ונסכם עם הזוכה בפרס של *המטעה האנטי ישראלי* בשני העשורים האחרונים, והוא "הבמאי" מוחמד בכרי עם סרטו "הדוקומנטרי" *ג'נין, ג'נין* משנת 2002 על הקרב נגד המחבלים המתאבדים מאותו אזור. המשמיץ מביא בסרטו סיפור על הפצצות אוויריות (כאשר אפילו לא מטוס אחד השתתף במבצע), על "קבר אחים" שנחפר על ידי הכוחות הישראלים (שאף פעם לא נמצא), של הרס אגף שלם של בית החולים (שצה"ל נמנע בפרוש מלפגוע בו). ומה נאמר על אותו מרואיין בסרט שדיווח על ילד

שנפגע מכדור שחדר דרך החזה ויצא מהגב? לדבריו הוא הציל אותו בעזרת אצבע שפתחה את דרכי הנשימה בגרון. מהילד הזה לא ידוע שום דבר וכל רופא יגיד שאף ילד לא ישרוד מעבר של כדור דרך החזה שלו וגם שלא ניתן לפתוח את דרכי הנשימה בעזרת אצבע.

אך נעזוב, למען השם, עוד הזיות של "הבמאי" כמו זה של רכב משורריין ישראלי שדרס שורה של אנשים ששכבו על הכביש, ילדים שנרצחו שרירותית ללא שום סיבה, והסיפור על הגבר הפלסטינאי שנשבה, נכבל באזיקים ונורה מטווח אפס.

בואו ונודה על האמת, איזה דמיון פורה יש להם, נכון?

פרק 7 – הלובי הערבי

מידע מטעה בכיוון אחד

כלי התקשורת מכל העולם פרוסים, כמעט כולם, לטובת הפלסטינאים; אין בכך ספק בכלל. אפילו בזמן הפלישה של פוטין לאוקראינה לא הייתה אחדות כזאת במובן הרחב ביותר, בין רעיונות פוליטיים, דתות, מדינות וקבוצות אתניות שונות אם לא הפוכות.

לכן, אפילו אם נצטייד ב-*GPS* לא נמצא למשל את הידיעה בקשר לרצח של תרצה פורת, תלמידה פשוטה, ב-1988 ליד אלון מורה בזמן האינתיפדה. ואם כבר נמצא איזו ידיעה מזערית בנושא היינו קוראים שהיא אשמה בכך שלא התרחקה *מהכפרים הפלסטינאים הלא שקטים* (כן!).

זהו עולם הפוך!

עוד דוגמאות? בבקשה.... בתחילת שנת 1988 התכנסו העיתונאים בבית החולים *אל-מוקסד* בירושלים כדי לעקוב אחרי *"הגסיסה" של ילד* פלסטינאי על *"סף מוות"*, מחובר לצנורות וצינוריות של מכשיר ההחייאה; הרופא במקום, עם דמעה פלסטינאית טיפוסית מוכנה תמיד לזליגה, סיפר שהילד הוכה בצורה אכזרית על ידי חיילים ישראלים. כל כלי התקשורת (אובייקטיבים לכאורה...) הציגו את הסיפור ללא ביקורת ומאוחר יותר התברר שזו הייתה הצגה שלמה ולפי הניתוח שלאחר המוות והתיק הרפואי של אותו ילד הוא מת כתוצאה מדימום מוחי לאחר מחלה שנמשכה מעל לשנה! הפלסטינאים יודעים שכאשר מפיצים ידיעות מזוייפות, אלה יגיעו לכל פינה בעולם כדבר יקר ערך; עבור אמצעי התקשורת *החדשות* האנטי ישראליות לא קשורות באמת למעשים בפועל.

תחנת הטלביזיה ,*France 2* כן, עדיין הם, הציגה פעם ילדים השוכבים על סדין לבן, שנהרגו לכאורה בקרב בעזה. אך בפועל, הסרטון החובבני הזה צולם לאחר שאותם ילדים נהרגו מפיצוץ משאית תחמושת של *חמאס*, בזמן מצעד בעזה בשנת 2005.

אך הסיפור המביש ביותר קרה בתחילת *האינתיפאדה* השנייה, ב-12 לאוקטובר 2000, כאשר שני חיילי מילואים יוסף אברהמי וואדים נורז'יץ נפלו קורבן ללינץ' ונרצחו על ידי אספסוף צמא דם בתחנת משטרה ברמאללה. ובכן, עיתונאית איטלקייה אמיצה מהערוץ *Canale 5* צילמה את הכל; התמונות נפוצו לכל עבר בעולם. למחרת המעשה, ועדיין לא מבינים מדוע – אך אפשר רק לשער למה – השליח בישראל של הטלביזיה האיטלקית RAI, כתב בשם Riccardo Cristiano, הכין מכתב "מביש" כמעט תוך כדי כריעה של התנצלות בפני *הרשות הפלסטינאית*, שפורסם בעיתון התנועה *אל-חייט אל=ג'דידה*; ובמכתב העיתונאי החרוץ עשה כל מאמץ לגרום לפלסטינאים להיות מודעים שלא ה-RAI עשתה זאת אלא רשת מתחרה בשם Mediaset. כאילו עשה מעשה גבורה במילוי תפקידו של עיתונאי!

להלן כמה (ורחמו על הכתב...) מהפסוקים מתוך המכתב ההיסטורי:

"חבריי היקרים בפלסטין, אנחנו מברכים אותכם... אנחנו תמיד מכבדים וננמשיך לכבד את הנוהלים העיתונאים של הרשות הפלסטינאית למילוי עבודת העיתונות בפלסטין ואנחנו מאוד אמיניסבשל עבודתנו המדוייקת. אנו מודים לכם על האמון בנו והיו בטוחים שזו לא הדרךבה אנחנו נוהגים (כלומר, איננו עובדים כמו רשתות טלביזיה אחרות). אנחנו לא עושים וגם לא נעשה דברים כאלה. קבלו נא את מיטב איחולינו."

על החתום: Riccardo Cristiano, נציג הרשת האיטלקית הרשמית בפלסטין.

Mentana, מנהל מהדורת החדשות TG 5 (של Mediaset) נאלץ למען בטחון הכתבים "להפסיק את השידורים של כתביו מהאזור". מאוחר יותר, המנהל הכללי של Pierluigi Celli, RAI, הודיע במבוכה רבה שהחזיר לארצו את הכתב הנדון מאחר וכתב טקסט "שהתחנה לא הכירה ולא מסכימה עם תוכנו".

שר החוץ אביגדור ליברמן אמר אמת אחת שבאופן כללי מסבירה הכל:

..."האנוכיות של מי שמגדירים את עצמם אינטלקטואלים מערביים ומוכנים להקריב בפעם השנייה את העם היהודי על מזבח של אנטישמיות חולנית רק כדי למכור עוד כמה ספרים".

בהזדמנות אחרת, כשסופר על התקפה רצחנית בפיצריה בירושלים ב-9 לאוגוסט 2001 עם 15 קורבנות, המחבל תואר "כלוחם" על ידי כלי התקשורת המשונים (ונואשים) כמו. Los Angeles Times, Chicago Tribune, NBC Nightly News
אותו דבר קרה כשמחבלים אחרים הרגו ארבעה ישראלים בסופרמרקט בתל אביב ב-8 ליוני 2016, ה-BBC דיווח על "חילופי אש" (ואותו דבר עשתה בעצם Sky News).

Anderson Cooper מה-CNN סיפר שבתוך עזה חמאס בודק את המידע בקפדנות ועוקב אחרי העיתונאים כדי לראות לאן הולכים ומה הם עושים.
בזמן מבצע צוק איתן בחודש יולי 2014 העיתונאי הפולני Wojciech Cegielski אישר:

"לא יכולתי לפגוש אף אחד שיוכל לדבר בלי האישור של חמאס, משהו שונה מהתעמולה הרשמית. אבל כמה פלסטינאים, כשהיו בטוחים שהמקרופון שלי כבוי, אמרו לי שאינם יכולים יותר מהגיהנום בתוך עזה אבל הם חוששים".

העיתונאים Nick Casey מה-John Reed, The Wall Street Journal מה-The Financial Times, ו-Harry Fear מה-Rt סיפרו שמה שמשותף ביניהם זה היותם עיתונאים שאיימו עליהם במוות בגלל "שהעזו" להזכיר את ירי הטילים מצד חמאס.

ראדג'ה אבו דאגה, עיתונאי צרפתי-פלסטינאי, סיפר בעיתון Liberation שנחטף על ידי חמאס, הובל לאחד מהמטות הכללים בבית החולים שיפה על ידי פעילים של התנועה הטרוריסטית והורו לו לנסוע מיד משם פן ישלם על כך בחייו. העיתון Liberation -בצורה דמוקרטית - מחק בהמשך את מאמרו. נחשו למה...

ב-22 למאי 2021 המנהל הלוגיסטי של UNRWA בעזה, Matthias Schmale, בראיון לערוץ טלביזיה ישראלי הרשה לעצמו לא לבקר את האמירה הקבועה לפיה *"ההתקפות הישראליות היו מדוייקות"*. וואו, איזה סקנדל! *המ*אסדרש שהמנהל של האו"ם יצהיר את הלא נכון ושיאמר שהההתקפות הישראליות הן ללא הבחנה. תוך זמן קצר הוא כמובן חזר בו לאחר שמשרדיו בעזה הותקפו בצורה ברוטאלית; הוא כמובן התנצל והצהיר שהההתקפות הישראליות היו *"אלימות וללא הבחנה"* ושהן גרמו *"למות אזרחים, דבר בלתי מקובל ובלתי נסבל"*. הריטואל הרגיל בקיצור כדי לא לשלם מחיר יקר מדי. אך גם זה לא הספיק לחמאס שהגדירה אותו *"אדם לא רצוי בעזה"* והכריזו על סילוקו המיידי.

בצורה דומה, לפי דו"ח של Marvin Kalb (עיתונאי אמריקאי), *"הכתבים הזרים הוזהרו מראש בעת כניסתם (לשכונה דרומית מביירות) שלא יתאפשר להם להתרחק על דעת עצמם או לשאול שאלות את התושבים. הצילום הותר להם אך ורק אם המלווים שלהם (אנשי חיזבאללה) ירשו להם, פן יוטלו עליהם עונשים כבדים. הנה לכן שלחימה של חיזבללה אינה קיימת בתמונות כי זה כביכול המצב שחיזבאללה אינו מעורב כלל בלחימה."*

Nic Robertson מה-CNN הובל לאזור של ביירות ואיש הליווי של חיזבללה הורה לו: *"לא תיכנס לשם ללא אישורם"*.

העמית של רוברטסון ב-Anderson Cooper, CNN, סיפר על אחד מהפיברוקים הרבים: בסיור שעשינו, *חיזבאללה* הציג בפנינו מספר אמבולנסים שלדבריו התרחקו מאיתנו כדי לאסוף אזרחים פצועים והרוגים כאשר במציאות הם רק עשו סיבובים על ריק הלוך ושוב! אבל, הנה מה איש הכתב של Christopher Time Magazine Albritton:

"בדרום, לאורך עקומת רצועת החוף, חיזבאללה יורה קטיושיות, אך איני יכול לספר יותר מדי על כך. מפלגת האלוהים (חיזבאללה) מחזיקה בעותקים של הדרכון של כל עיתונאי וכבר הציקו לכמה מהם ועל אחד אפילו איימו בפרוש".

באותה רוח, כך התוודה גם Jean Pierre Martin (סופר צרפתי):

"התחלנו לצלם את ההתחלה של הפגנה. באופן פתאומי רכב מסחרי קטן נדחף במהירות לתוך המפגינים. בתוכו, היו פעילים של אל-פתח. נתנו כמה הוראות וחילקו להם בקבוקי תבערה. אנחנו צילמנו. אך את התמונות האלו לא תראו לעולם. תוך שניות, כל הצעירים שהפגינו במקום הקיפו אותנו, איימו עלינו והובילו אותנו לתחנת משטרה. שם, עברנו תהליך זיהוי אך נאלצנו למחוק כל התמונות שלא מצאו חן בעיניהם. המשטרה הפלסטינאית הרגיעה את הרוחות אך צינזרה את התמונות שצילמנו. זאת ההוכחה שהההפגנות ההן לא היו מעשה ספונטני. כל ההוראות הגיעו מהירדכיה פלסטינאית". במקרים אחרים הפלסטינאים מספקים באופן ישיר כל החומר הקשור להפגנות, מהומות והלוויות *"ואין שום אפשרות לאמת שמה שצולם אכן קרה"* כך כתב

Steven Emerson, כתב של ה-CNN. והוסיף: *"בו בזמן שהטרור הפוליטי הפלסטינאי בגדה המערבית לא מצליח לספק חדשות, כל השטויות על הברוטליות הישראלית מדווחות ללא ביקורת".*

בקיצור, הרשתות האמריקאיות *"שיתפו פעולה בתרמית הענקית של הסכסוך בגדה המערבית".*

מחזק עוד יותר הרעיון הזה S.E. Cupp ב- *New York Daily News;* אכן, הוא הודה שהעיתונאים

"בגדה המערבית מלווים על ידי "מתורגמנים" פלסטינאים שתודרכו ללוות עיתונאים כדי להראות להם אך ורק מה שהמנהיגים הפלסטינאים מחליטים שהם יכולים לראות. בכל המזרח התיכון העיתונאים חיים תחת איום חוץ מאשר בישראל". ואם כל זה עדיין לא מספיק ברור הוא הוסיף:

"כשעבדתי על אחד מסרטי הדוקו שלי, הפלסטינאי שהתלווה לצוות שלי הציע לי סקופ. מאחר והייתי צרפתי, חשב בביטחון שאני פרו-פלסטינאי. 'אתה יודע כמה זה משתלם? - אמר לי – כשחייל ישראלי הורג צעיר פלסטינאי. אתה מעוניין? אפשר לסדר את זה תמורת עשרת אלפים דולרים. אנחנו יכולים לגרום לכך.' האם התכוון לפירוק אולרצח ממש? לא העזתי אפילו לשאול אותו". וכך העיתונאי מסכם במרירות:*"כל העורכים אומרים אותו דבר: אם אין בסיפור פן אנטי ישראלי אז הסיפור לא מעניין".*

ה-, *Associated Press* כנראה סוכנות הידיעות החשובה ביותר בעולם, כשהכינה רשימה של 15 פיגועים בין חודש אוגוסט 1998 וחודש אוגוסט 2003 לא ציינה מעל לשמונה פיגועים דומים נגד ישראלים. כך גם בחוברת של תמונות של שנה שלמה (2003), מתוך 130 תמונות של סבל אנושי רק שש היו קשורות לסכסוך הערבי-ישראלי.

ובכל זאת, נחשו מי היו הכביכול קורבנות בתמונות הללו? כולם פלסטינאים. פשוט, נכון?

בקיץ 2009 איגוד העיתונאים הבינלאומי הוציא מתוכו את העיתונאים הישראלים אך באופן פראדוקסלי דווקא אלה שהיללו את הדיקטטורים המזרח תיכוניים הורשו להמשיך בחברות שלהם ללא שום קושי. כלומר, ניתן פרס למדינות בהן החופש היחידי האפשרי הוא מחיאת כף למנהיג. באותו הזמן, באתר של אותו איגוד, בערך *"מזרח התיכון"* נמחק בצורה מבזה השם ישראל ובמקומו נרשם *"פלסטין"* עם ירושלים כעיר בירה.

בחודש אוגוסט 2002 איגוד העיתונאים הפלסטינאים אסר, עלעמיתיו העיתונאים, לצלם ילדים פלסטינאים שהובילו נשק או שיתפו פעולה עם אירגונים של *מ*חבלים; אותו איגוד (של עיתונאים פלסטינאים) אסר גם על צילום של רעולי פנים.

כאשר בחודש יולי 2004 התרחשו בעזה הפגנות נגד השחיתות של הרשות הפלסטינאית ושל ערפאת – שחיתות שכבר דנו בה בהרחבה – העיתונאים שדיווחו על כך אויימו במוות וחלקם סבל מתקיפות פיזיות. האם אחרי אירועים כאלה התארגנו נניח 100 עיתונאים פלסטינאים ומחו בפני ערפאת למען חופש הביטוי? ממש, ממש לא!

הופיעו כן אך בצורה מאוד מאופקת כדי לבקש שיופסקו המעשים האלימים נגדם. אפילו דו"ח מיום 6 באפריל 2011, של הארגון האנטי ישראלי *Human Rights Watch*, אישר את מעשי האלימות כנגד העיתונאים הפלסטינאים– במיוחד *בגדה המערבית ובעזה* (עינויים, מכות, כליאה שרירותית) – מצד כוחות של המשטרה המקומית.

כלי התקשורת גם מתעלמים מהעובדה ש*המנהיגים* והנציגים הערבים, כשפונים למערב אומרים דבר אחד אך כשהם פונים לעולם הערבי עצמו מתבטאים בצורה שונה אם לא לחלוטין הפוכה. אמן השקר היה, גם בזה, כפי שראינו כבר, יאסר ערפאת.

הנה מה גילתה רשת *Memri TV* על מה ש*נקרא* "דפי ההוראות" של משרד הפנים של *חמאס* לעיתונאים המערביים הנוכחים ברצועת עזה. תחת הכותרת *Be Aware - Social Media Activist Awarness Campaign* - מומלץ (קרי הוטל) למשל "*שכל מי שנהרג או נהיה קורבן בעזה או פלסטין יוגדר 'אזרח תמים' אפילו אם היה מחבל*". כל אירוע יוצג "*כתגובה להתקפה האכזרית הישראלית*". לעומת זאת, אם המקור הוא ישראלי, יש לציין זאת "*שהמקור אינו אמין*".

מעבר לכך קיימת סדרה של *עצות עבור הפעילים שמפיצים ידיעות למערב דרך הרשתות החברתיות*, אינטרנט ווידאו:

"*יש להימנע מלהיכנס לוויכוח עם איש מערבי כדי לשכנע אותו שהשואה זהו שקר. סוג זה של וויכוח לא משתלם. יש לשאוף לשים על אותו מישור השואה והכיבוש*".

אם כך, הבעיה היא לא שזהו שקר להכחיש את השואה אלא שזה לא משתלם...

* * * *

לכתוב חרם, לקרוא אנטישמיות

* * * *

קשה להאמין – או בעצם כבר התרגלנו לכל – אך החרם בקשר לסכסוך הערבי ישראלי מופנה לא נגד המחבלים אלא נגד הדמוקרטיה הישראלית. כן, הרי ידוע מה התרוץ בקשר לטרור: הם נאלצים לכך בגלל העוני. האומנם? אם לא קשה מדי בואו ונשמע מה סיפר למשל הבן דוד של אחד משני *מחבלים מתאבדים* שפוצצו את עצמם

במרכז מסחרי בירושלים בשנת 2001 וגרמו למות עשרה אנשים בגילאים שבין 14
ו-21 שנה:
"לשניים האלה לא היה חסר כלום".

אז מה הפלא שכאשר ירו על ישראל מכיוון עזה כ-500 טילים, בית הדין של
האיחוד האירופי מצא את הזמן להחליט שמוצרים ישראלים שמקורם בשטחים
"השנויים במחלוקת" יסומנו בכיתוב של חרם. אין יוזמות כאלה למשל בקשר לשמן
זית טורקי המגיע מקפריסין הכבושה, או בקשר לדגים שמגיעים ממרוקו ומקורם
בסהרה המערבית, או מוצרים סיניים המגיעים מטיבט.
לא ולא, רק נגד *מוצרים ישראלים...*

במשך השנים התחרו בעולם כדי להוכיח מי בעצם יותר אנטי ישראלי; קרן הנפט
הנורבגית פרשה מהחברה *אפריקה-ישראל* ונסוגה מהחברה *דניה סיבוס;* הקואופ
השבדית לא מוכנה למכור יותר את מכונות *סודה סטרים;* בית החולים האוניברסיטאי
של לוזאן, אחד הגדולים והחשובים באירופה, לא מוכן יותר לרכוש מים מינרליים
ישראליים; האיגוד המקצועי הנורבגי *El & It Forbundet* מחרים את המקבילה
שלו בישראל, *ההסתדרות.*
ועוד מספרים *"שהלובי היהודי"* הוא זה ששולט בכל העולם!

למרות שאומרים שהיהודים הם אלו ששולטים בכלכלה, לא מעט גופי מסחר
אירופיים החלו בחרם על הבנקים הישראלים. הבנק הדני הכי חשוב, *Danske Bank,*
לא רוצה לקיים יותר יחסי עבודה עם *בנק הפועלים;* קרן הפנסיה ההולנדית הכי
ידועה, *Pggm,* אינה משקיעה יותר בחמישה גופים כלכליים ישראליים. חברת *Vitens,*
החברה ההולנדית הכי גדולה לאספקת מים, הפסיקה את קשריה עם המקבילה שלה
בישראל, *מקורות.*
כולם כפופים למחשבה היחידה הפרו פלסטינאית.

בשנת 2011 בנורבגיה, עורך הדין והמרצה באוניברסיטה המפורסם, אלן
דרשוביץ, הוחרם על ידי כל האוניברסיטאות המקומיות שהיו מתוכננות לארח אותו
בסדרה של הרצאות על המשפט הבינלאומי; הכל למען החרם האנטי ישראלי. נחשו
מי קודם העז להחרים את דרשוביץ? מדינת דרום אפריקה בתקופת *האפרטהייד*
ולמה? כי הוא היה עורך דינו של מנדלה!

יש להבין מה השתנה מאז שנת 1974 כאשר, לדוגמא, האינטלקטואלים
האיטלקים היו מאוחדים כגוש אחד בתמיכתם באופן גלוי מאוד בישראל, כלומר
מדינה דמוקרטית, ללא העמדת פנים, ללא הבחנה וללא עמימות. *סלב*סרבים מתחומי
התרבות, האמנות והבידור (למשל Arnoldo Foa) עמלו בשנה זו, שנה לאחר מלחמת
יום כיפור, להחרים את אונסקו, סוכנות האו"ם לקידום התרבות והחינוך, עד שיחדלו
להיות פרו פלסטינאים.

הסולידריות של האינטלקטואלים עם ישראל התממשה כבר ב-1967 בפריז עם מניפסט שנדרש ונחתם על ידי הרבה אינטלקטואלים בעלי שם עולמי, בינהם Pablo Picasso, Simone de Beauvoir ו-Sartre. גם באיטליה, במשך מלחמת ששת הימים, קריאה לתמיכה בישראל נחתמה, בין היתר, על ידי Alessandro Galante Garrone, ו-Norberto Bobbio וכו'.

"*אל מול התוקפנות הערבית נגד ישראל והאיום הקטלני ש... מרחף על העם הישראלי, אנחנו, אנטי פשיסטים דמוקרטים, נאמנים לערכי החופש, העצמאות והצדק, מציינים כולנו יחד הסולידריות המוחלטת למדינת ישראל*". כן, כן, זה מה שכתבו. ואם זה לא מספיק, עוד קריאה על מנת "*שייעשה כל מאמץ להגן על העם ומדינת ישראל*" נחתם גם על ידי הבמאי הגדול בכל הזמנים, האיטלקי פדריקו פליני.

כיצד היום, עם איומי הטרור הרבה יותר מוחשיים, הדברים התהפכו זו ממש תעלומה (או אולי לא?).

אבל גם אז לא היו חסרות דוגמאות מארץ השכחה (איטליה) כמו זו של הרפובליקני לשעבר Dario Fo שהתנגד להשתתפות *של* סופרים ישראלים בפסטיבל הספרותי *של* 1970 במילנו. לפי הרעיון המטורף שלו אל-*פתח* נלחם למען*שחרור פלסטין*" (קרי טרור), בדומה למה שהפרטיזנים עשו למען שחרור איטליה מהנאצי-פשיזם. וזאת מפי אחד שתמך ברפובליקת סאלו, משטר בצפון איטליה ששיתף פעולה עם היטלר, ואולי נלחם גם נגד....*הבריגדה הארץ ישראלית.*

וכיצד נגיב לדבריו של Alberto Asor Rosa איש אקדמיה ומבקר ספרות איטלקי שבזמן מלחמת המפרץ הראשונה היה לו האומץ לטעון שרצון היהודים הוא "*ההצלחה המפלצתית והבלתי נמנעת של העליונות הגזעית היהודית*". מה הקשר של היהודים עם סכסוך בו עירק כבשה את כווית, ובין היתר האמריקאים (יחד עם בני בריתם) הגיבו צבאית, ממש לא ברור.

אבל גם בין היהודים לבין עצמם לא חסרים אלה המלאים שנאה אנטי ישראלית; למשל, האמריקאי Richard Falk , פרופסור למשפט בינלאומי, שגורש אפילו מ-Human Rights Watch, בגלל אמירתו ההזויה שהאירועים של ה-11 לספטמבר היו עלילה אמריקאית-ציונית,ולא חסך מאיתנו, בבלוג שלו, קריקטורות אנטישמיות כשהוא מגדיר את הישראלים נאצים. גם הבלשן והפילוסוף הנודע נועם חומסקי, יהודי אמריקאי, אינו טומן את ידו בצלחת: "*אני רואה שום השלכות אנטישמיות בהכחשת קיומם של תאי הגזים או אפילו של השואה*". זה אותו אחד, שווה להבהיר, שהגן לפני כ-35 שנה, על מכחיש השואהRobert Faurisson; לדבריו, הוא היה רק "*פרופסור מכובד*" המתאפיין "*בביקורת מתועדת*" ו-"*מחקר היסטורי מקיף*".

את המילה "*שואה*" הוא שם בכוונה במרכאות...

לטינה נגד ישראל יש מצטרפים רבים מאוד. נקח, למשל המנהלים של *Human Rights Watch* : Joe Stork, סגן מנהל של המחלקה המזרח תיכונית, שיבח את הטבח

של הספורטאים הישראליים במינכן והשתתף בוועידה אנטי ישראלית עם הדיקטטור סדאם חוסיין.

ומה עם Marc Garlasco? במשך שנים הוא היה המומחה הצבאי הראשי של הארגון וגם כתב מלחמה בעזה. לא עבר יום מבלי שתקף פומבית את ישראל, והגדיר *"פשע מלחמה"* אתהירי החוקי לחלוטין של נורים (כדי להאיר בלילה את שדה הקרב). אך בלילות, דומה מאוד לדמות גיבור מהקומיקס, היה משתולל ברשת *האינטרנט* תחת הכינוי *"Flak88"* ומציב בפרהסיה צלב קרס כייצגן (אווטאר) שלו. למען הדיוק, *Flak* זהו נשק גרמני ו-88 לפי הקוד הנאצי, מסמל את (*"Heil Hitler"* האות השמינית באלפבית). תחת זהות חדשה זו שיבח את הנאציזם וכתב ביקורות מהללות את הספרים שכללו שבחים להיטלר. הארגון *Human Rights Watch* לבסוף נאלץ להתכחש אליו ורק עכשיו, עבורם,הוא כאילו אף פעם לא היה קיים. *Sartre* באופן נבואי אמר: *"אם היהודי לא היה קיים אז האנטישמיות הייתה ממציאה אותו".*

ההיסטוריון הבכיר ביותר של השואה, Raul Hilberg , הזהיר:
"החרם הכלכלי נגד היהודים בגרמניה הנאצית היה הצעד הראשון לעבר השואה. הקריאה עצמה 'Raus mit uns' (החוצה איתנו) פוגעת בישראל עד עצם היום הזה; חזר האיום הנאצי 'Kauf nicht bei Juden' ...(אל תיקנו מיהודים).

היום בעצם יש לנו הדור החדש לרעיון הנאצי והוא *Boycott, Disinvest,* *Sanction* שזו התנועה המודרנית BDS הקוראת להחרים, לא להשקיע ולהטיל סנקציות על ישראל. באופן פרדוקסלי בין מנהליו יש גם יהודים (למשל אילן פפה, גדעון לוי, אמירה הס והאמריקאי Peter Beinart וכו').

ה-BDS אינו עוסק בתופעות "אימפריאליזם" אחרות כגון לדוגמא טורקיה שכבשה שליש מקפריסין מאז 1974 בעזרת 40.000 חיילים והעבירה – בכה ובכמויות של תושבים טורקים מאנטוליה, או כיבוש הסהרה המערבית מצד מרוקו או כיבוש– טיבט. אבל ישראל, כן וכן!

"רעיון שתי המדינות לא היה מקובל מההתחלה" טען עומר ברגותי ממייסדי ה-BDS, יליד קטאר והוסיף *"שסיום השליטה הישראלית בגדה המערבית הוא רק הצעד הראשון בדרך למחיקת ישראל".* קשה להבין מה הקשר בין השמדת ישראל להגנה על הפלסטינאים.

הנה דוגמא אחת מהממטרות שלהם: מפעל *סודהסטרים ששכן* ביישוב מישור אדומים בגדה במערבית והעסיק מאות פועלים פלסטינאים נסגר עקב החרם של BDS. מאות עובדים פלסטינאים (ומשפחותיהם) איבדו את מקור פרנסתם אך BDS צהל משמחה ובכך משך נגדו – בצדק – את מחאת המובטלים החדשים.

אפילו אחד הדוברים של ה-BDS, הזמר של להקת פינק *פלוייד רוג'ר ווטרס* –
שהתקפותיו נגד ישראל מובאות גם באתר של המפלגה הימנית הקיצונית האיטלקית
"חזית לאומית" – ציחקק כך: *"הלובי היהודית שולט בכל, אפילו בהוליווד".*

ניתן להבין שגם הצלחתו נובעת אם כך מאיזה "קשר" יהודי...

אחד *מנותני החסות* ומעוררי ההשראה של ה-BDS הוא *המנהיג של אומת האיסלם,*
הניאונאצי פרחאן, שעבורו היהודים הם *"טרמיטים".*

ב-27 באפריל 2021 ה- *Human Rights Watch* פרסם דו"ח בן מעל ל-200 עמודים
המחזר את *המנטרה* הרגילה והמצחיקה שבישראל קיים משטר "אפרטהייד". ומיהו
המחבר הראשי של הדו"ח? אותו עומר שאקיר פעיל ה-BDS. ולסיום, *חמאס* יחד עם
המחרימים למינהם הפיצו "תמונה מתוקה" של *וירוס הקורונה* בצורה של מגן דוד.

יחי הטעם הטוב!

קול אחד נשמע במדבר והוא של הפרלמנט הגרמני *הבונדסטאג* שאישר ברוב
קולות החלטה המגדירה את ה-BDS כאירגון אנטישמי ועקב כך לא יזכה בסיוע
הניתן בדרך כלל לאירגונים הפועלים שלא למטרות רווח. הבעיה היא לא החרם,
שבפני עצמו יכול להיחשב פרי של חופש הביטוי, אלא שהוא מתבסס לעיתים קרובות
על שקרים.

הנה מה שכתב ב-1967 מרטין לותר קינג ב- *"מכתב לחבר אנטי ציוני": "הקשיב לי*
חבר יקר, אם אתה נגד ישראל אזי אתה אנטישמי". וכך המשיך כדי להבהיר את הרעיון:
"מה זו אנטי ציונות? זה הסירוב להעניק לעם היהודי את אותה זכות שאנחנו דורשים
עבור העם באפריקה וכל המדינות בעולם. זו אפליה נגד היהודים, חברים יקרים, כי
הם יהודים. בקיצור זו אנטישמיות... תנו למילים האלו להדהד בתוככם: כשמבקרים את
הציונות, הכוונה היא ליהודים. אין מקום לבילבול בנושא".

לסטודנט שתקף את הציונות הוא השיב: *"כשמבקרים את הציונות הכוונה ליהודים.*
אתה מוביל עכשיו נושא אנטישמי".

אנטישמי מוסווה לאנטי ציוני.

"או-בה-מה"

נתחיל מהסוף; בואו ונפזר את ההילה מסביב לקלישאה של *הלובי היהודי,* או,
ליתר דיוק, נביט לעבר הצד השני של אותו מטבע, כלומר *הלובי הערבי,* שהוא בעצם
פרו-פלסטינאי ונוצר עוד לפני הקמת מדינת ישראל.

אנשים מאמינים שהממלכה המאוחדת וארה"ב סייעו לישראל בצורה מסיבית
ומתמשכת. אתם זוכרים איך הבריטים מסרו שלושת רבעים מהארץ המובטחת
לממלכה האשמית שרק נולדה וקיבלה את השם של ירדן? לא רק זאת: לונדון חימשה
והדריכה את הלגיון הירדני ואפילו העמידה בראשו קצין בריטי. ומה נאמר על *"הספר*
הלבן" בקשר להגירת יהודים לפלסטין (כאשר אותם הבריטים הרשו ועודדו הגעת
רבבות ערבים לשם?)

בין היתר, אם הבריטים היו כה פרו ישראל, מדוע אחד מהמקרים הבודדים של טרור ישראלי פגע דווקא במלון *המלך דוד* בו שכן המטה הכללי האנגלי? יש לציין שנהרגו 28 אנגלים ורק כי לא התייחסו ברצינות לאזהרה לפני הפיצוץ לפנות את המקום על מנת שיוכלו כולם להמלט.

וארה"ב? מעטים יודעים על האמברגו עליו החליטה מחלקת המדינה ב-5 לדצמבר, האוסר על משלוחי נשק למזרח התיכון, ימים ספורים לאחר החלטת האו"ם על תוכנית החלוקה שנדחתה על ידי הערבים שגם הצהירו על הכוונה להתנגד אליה בכל הכח. זה היה *אמברגו*, שבמקום להיות שווה לכולם, החליש רק מי שלא הייתה לו מדינה מסודרת ולכן גם לא צבא עם החימוש הדרוש.

ההסבר שניתן על ידי סגן השר האמריקאי Robert Lovett היה: *"הנשק יכול לשמש את הערבים נגד היהודים או את היהודים נגד הערבים"*; הוא רק שכח שלערבים היה כבר הנשק הזה עוד לפני תחילת העימות.

חשוב לזכור ששלושה נשיאים אמריקאים באותה תקופה אישרו את חוסר הצדק הזה.

בין היתר, כוחות הברית במלחמת העולם השנייה, לא היו מוכנים לתמוך בהגירה היהודית לפלסטין גם כשהיה ברור כבר שהיהודים רוצים להימלט מהיטלר. בין הקורבנות היהודים של הנאצים, שנמלטו לחו"ל בין השנים 1935 ו-1943, רק 8.5% התיישבו בפלסטין. ארה"ב הגבילה את קליטתם אצלה ל-182.000 יהודים (פחות מ-7%), בריטניה ל-67.000 (פחות מ-2%). הרוב הגדול, כלומר 75%, מצא מקלט בברית המועצות. עוד נחזור לנושא בהמשך הספר, רק נקדים שהאמריקאים דרשו שהיהודים יזכו לאותו יחס בדיוק של כל קבוצה אתנית אחרת, ולכן הממשל התנגד אפילו לסיוע של הצלב האדום האמריקאי לנמלטים לפלסטין.

הנשק היחידי שהגיע לישראלים, כדי להתגונן מהמתקפה הערבית, הגיע מצ'כוסלובקיה, לרוב בדרכים לא רשמיות אלא בהברחות. מאוחר יותר הצרפתים והאנגלים סיפקו נשק וציוד לערבים תוך שמירה, בשיא הצביעות, על *האמברגו* ביחס ליהודים.

לפי כך, *טבעי* היה לראות בסוף שנת 1948 ותחילת 1949, מטוסים בריטים של חיל האוויר המלכותי טסים יחד עם טייסות מצריות לאורך הגבול מצרי-ישראלי.

כשבחודש אפריל 1945 הוקם ארגון האומות המאוחדות, בלטה כבר אז גם ההתארגנות של *הלובי הערבי* מאחר וחמש מדינות ערביות כבר התהדרו במשלחות רשמיות בסן פרנסיסקו (מצרים, עירק, סעודיה, סוריה ולבנון); זאת הייתה ההתארגנות הגדולה ביותר מבין 49 המשלחות בנוסף לעוד אירגונים פרו ערביים.

באותו זמן נפתח מרכז מידע ערבי בוושינגטון ומרצים פרו-ערבים החלו בהקמת לוביבק*מפוסים* האוניברסיטאים, מקום בו אמורה להיוולד החברה האזרחית החדשה

של אינטלקטואלים אמריקאים. בנוסף, אין לשכוח את הפעילות של הערביסטים במשרד החוץ האמריקאי ושל מיסיונרים פרוטסטנטים אמריקאים.

בסן פרנסיסקו גם החל לפעול *הלובי של חברות הנפט* שסימנו באופן מלא את המשלחת הסעודית ועוד קבוצה של עיתונאים חשובים אמריקאים שהיו לטובתם. הגיב על כך הנציג הציוני אליהו אילת: *"בניגוד לפוריטניות הוותהאבית המסורתית, הערבים במקום שתו לחיים עם העיתונאים עם משהו חריף יותר מסתם לימונדה או קוקה-קולה".*

לעומת זאת, הנציגים היהודיים היו פזורים בשטח ללא מדיניות רשמית משותפת. כוחה של *הלובי הערבי*, רק לשם דוגמא, הוכח כאשר נשיא צ'ילה – שהיה מוכן להצביע בעד תוכנית החלוקה – שוכנע על ידי הערבים להפוך את הצבעתו להימנעות.

אותו דבר קרה עם השגריר היווני שאישר שבישל עסקה, בשם מדינתו, עם המדינות המוסלמיות; בתמורה, בשלב מאוחר יותר יוון היתה נהנית מתמיכה ערבית בנושאים יקרים לליבה.

אך גם באירופה ההשתטחות בפני הפלסטינאים זועקת לשמיים. אישור על כך קיבלנו אפילו מהנשיא וראש ממשלת איטליה לשעבר פרנצ'סקו קוסיגה שהאשים את איטליה שאישרה לטרור הפלסטינאי לפגוע במטרות יהודיות על אדמת איטליה במסגרת מה שידוע בשם , *Lodo Moro* הסכם סודי בעל פה בין שר החוץ האיטלקי אלדו מורו לבין החזית העממית לשחרור פלסטין. בראיון לעיתון ידיעות אחרונות מיום 3 באוקטובר 2008 קוסיגה גילה:

"בתמורה למתן 'יד חופשית' באיטליה, הפלסטינאים הבטיחו לשמור על ביטחון המדינה האיטלקית ומתן חסינות בפני התקפות טרור כלפי מטרות איטלקיות מחוץ למדינה כל עוד מטרות אלו אינן משתפות פעולה עם הציונות או עם מדינת ישראל".

ההסכם היה שווה ערך למתן רשיון לרצח יהודים איטלקים "התומכים בציונים" למרות ההסכם הנ"ל. המסקנה אליה הגיע קוסיגה היתה חד משמעית: *"מכרנו אותכם".*

ברור כשמש הקשר לפיגוע המפורסם נגד בית הכנסת הגדול ברומא מיום 9 לאוקטובר 1982 בו נהרג הילד בן השנתיים 'Stefano Gaj Tache ונפצעו עוד 37 אנשים. למה?

החל מה-18 ביוני 1982 שרות הביון האיטלקי *Sisde* התריע כמה פעמים *"על סדרה של פיגועים נגד מטרות ישראליות או יהודיות באירופה".* ב-27 ליוני ה-*Sisde* חידש את ההתראה עם *"הערה סודית"* לפיה קבוצות של סטודנטים פלסטינאים *'מתכננות"* פיגועים נגד מטרות יהודיות ברומא ובראשן בית הכנסת הגדול. בעוד התראה מיום 27 לאוגוסט 1982 נחשפה הבקשה של פדאיין מאיטליה *"להכרה באש"ף ובמאבק העם הפלסטינאי".* בנוסף נמסר שכבר שני אירגונים בתוך אש"ף, *החזית העממית לשחרור פלסטין* של ג'ורג' חבאש *והחזית העממית הדמוקרטית לשחרור פלסטין* של חאווטמה החלו בהברחת אנשיהם לתוך אירופה. מאוחר יותר,

בין ה-18 ליוני ועד ל-9 באוקטובר נשלחו 16 התראות על פיגועים אפשריים באיטליה: האחרונה ב-2 לאוקטובר, שבוע לפני הפיגוע. ההתראה הכי ברורה ומדוייקת היא מיום 25 לספטמבר – שנשלחה גם לידיעת משרד הפנים האיטלקי – בה איזר את האפשרות של התקפות מצד קבוצת הפורשים הפלסטינאים בהנהגת *Sisde* אבו נידאל *"לפני, במשך או מייד אחרי יום כיפור שהשנה מתקיים ב-27 לספטמבר"*. גם לשגרירות ישראל ברומא הגיעו באותה תקופה אזהרות דומות.

הממשלה האיטלקית לא רק שלא הגנה על בית הכנסת אלא שבמקום להגביר את השמירה דווקא ב-9 לאוקטובר, אפילו לא נכח רכב המשטרה שבאופן קבוע שמר על הבאים בתקופת החגים. השמירה על בית הכנסת ועל הגטו באותו יום נקבעה לשעות שבע בערב ועד לשעה שבע בבוקר למחרת. למה?

כולנו יכולים לחשוב התשובה מהי.

עד כמה חזקים הלחצים נגד ישראל ניתן לראות בסרט הדוקו האמריקאי *"Agnelli"* משנת 2017 *ששודר* ב-*Sky*. התקופה היא של המשבר שהחל ב-1973 *(הלם הנפט הראשון בעקבות מלחמת יום כיפור)* ו-FIAT (בבעלות Agnelli) הייתה זקוקה מיידית להון מחוץ לאיטליה; Gianni Agnelli מוכר לקאדפי שליט לוב 10% ממניות FIAT (שנת 1976) ואז הוא מתקשר "לחבר" הבנקאי Michel David Weill שמספר:

הוא אמר לי להתפטר כי השותפים החדשים לא אוהבים לראות שם משפחה יהודי במועצת המנהלים של פיאט. ואז, שלום. Agnelli? *"איש נטול רגשות לחלוטין. כך הוא עשוי".*

אם נדלג כמה עשרות שנים, אחרי הסכמי אוסלו, גם ארה"ב, אחרי כל יתר המדינות בעולם, החלו לספק סיוע כספי אדיר מימדים לפלסטינאים. מדובר על הסכום הדמיוני של מעל חמישה מיליארד דולר; ממוצע שנתי של קרוב ל-70 מיליון דולר בין השנים 1994 ו-1999 עוברים לממוצע של 170 מיליון דולר בין השנים 2000 ו-2007 עד לסכום של 400 מיליון דולר החל מ-2008. יותר מ-60% מהתל"ג של הרשות הפלסטינאית מורכב מסיוע המגיע מארה"ב, מהאיחוד האירופי, מהאו"ם ומהבנק העולמי. סה"כ ב-2013 הפלסטינאים קיבלו 793 מיליון דולר מהסיוע הבינלאומי; אף מדינה בעולם אינה מגיעה למספרים האבסורדים האלה.

גם היום, בתוך ארה"ב *הלובי הערבי* משמיע את קולו; קיימות קבוצות אדירות של צוותי חשיבה פרו ערבים, מרצים באוניברסיטאות ועיתונאים בעלי אינטרסים או קשרים עם הרבה מדינות ערב המשמשות נקודות ציון לאידאולוגיה האנטי ישראלית.

איך לא להזכיר את *הלובי הסעודי*, בעצם תעשיית הנפט המאוד חזקה בארה"ב, כמו בכל יתר העולם. בולט האינטרס של אותם המגזרים בארה"ב לשמור על יחסים יציבים עם המדינות העיקריות במזרח התיכון (עיראק, איראן, סעודיה ואיחוד האמירויות). אותם האינטרסים קיימים ליצרני הנשק, יצרני המטוסים וחברות *ההיי-טק*; למשל, מחודש ספטמבר 2005 ועד ספטמבר 2006, חברות אלו זכו להיכנסה

של 21 מיליארד דולר ממכירת נשק למדינות זרות. מדובר על הכפלת הסכום ביחס לשנה הקודמת! ומי בין הקונים? סעודיה (5,8 מיליארד דולר במסוקים *Black Hawk*, כלי רכב משוריינים יבשתיים מדגם *Abrams* ו-*Bradley* ועוד ציוד אחר); בחריין, ירדן ואיחוד האימרויות (מיליארד דולר עבור עוד מסוקים *Black Hawk*); עומאן (מערכת טילים נגד טנקים בשווי 48 מיליון דולר) ועוד הרבה עסקאות באזורים האלה.

זה שקר גם שכל הנשיאים (או נשיאים לשעבר) האמריקאים היו - לא נאמר פרו ישראלים אבל לפחות ניטראליים. כתבנו כבר מה היו מסוגלים לעשות שלושה נשיאים אמריקאים במשך ואחרי הקמת מדינת ישראל.

מי שכמעט אפשר להאשים אותו באנטישמיות הוא ללא ספק הנשיא לשעבר קרטר, שהתנגד תמיד לכל מה שישראל עושה (גם אם מדובר בהגברת הכוחות לאורך הגבול בלבנון, סיפוח רמת הגולן כתוצאה ממלחמת אין ברירה, סיוע להתנחלויות להגברת הבטחון או הכרה בירושלים כעיר הבירה של המדינה). הוא חשב לנכון להאשים את ישראל בהפרת זכויות האדם בהתבססו על תעוד שקיבל מאש"ף. נציין שכפרי עטו פירסם ספר עם הכותרת הכה סימלית: *"Palestine: Peace Not Apartheid"*. כאשר ערפאת תמך בסדאם חוסיין בעת הפלישה לכווית וכתוצאה מכך הסעודים החליטו להפסיק כל סיוע כספי לפלסטינאים, אותו *מנהיג פלסטינאי* ביקש מקרטר לנסוע לריאד כדי לשכנע את הסעודים להמשיך בהזרמת הסיוע הכל כך חשוב לפלסטינאים.

הביזיון הגיע בשנת 1996 כאשר באמצעות ה- *Carter Center*, עקב אחרי הבחירות שהתקיימו *ברשות הפלסטינאית שלדעתו* "ארגנו היטב, *היו חופשיות והוגנות"*. אבל, מי שהיה מעודכן טוב יותר ממנו היה המנהל לשעבר של ה-CIA, אותו Jim Woolsey, *שעשה ממנו צחוק ממש:* "ערפאת בעצם 'נבחר' *באותה שיטה של סטאלין אך לא בדרך דמוקרטית כמו היטלר שלפחות היו לו מתנגדים אמיתיים"*. אותם השבחים העניק הנשיא לשעבר במאמר שכתב בבחירות של 2002.

בחודש אפריל 2008, הנשיא קרטר, לאחר הנחת זר פרחים על קברו של ערפאת, התחבק בפומבי עם אחד ממנהיגי *חמאס* נאסר שאער; מאוחר יותר הגיע לסוריה כדי להיפגש עם *המנהיג הגולה של חמאס*, חאלד משעל.

האם כל זה הוא עשה (ועושה) ללא תמורה? ברור שלא; הוא קיבל (ומקבל) מיליוני דולרים כתרומה ל-*Carter Center* מסעודיה, בנוסף למקורות ערבים אחרים. העיתון האמריקאי, *Investor's Business Daily* פרסם אותם: לדוגמא, מלך סעודיה הבטיח מיליון דולר בביקורו של קרטר אצלו ב-1983; הבנקאי הפקיסטני Agha Hasan Abedi מהסקנדל בבנק BCCI תרם 500.000 דולר למרכז הנ"ל ועוד 10 מיליון דולר לפרויקטים אחרים של קרטר; Hasib Sabbagh, חברו של ערפאת, שהברת הבניה שלו היתה קבלן משנה של *Bechtel*, חברה בינלאומית המסייעת בהשלמת פרויקטים גדולים בכל העולם, היה הצינור המקשר בין ערפאת וקרטר;

ב-1990 קרטר נסע גם לרפיק חרירי, אז נשיא לבנון ונשוי לפלסטינאית, וקיבל 250.000 דולר עבור המרכז שלו; סוחר הנשק הסעודי, עדנאן חשוג'י, אסף סכום של 50.000 דולר במבצע התרמה למרכז בחודש אוקטובר 1983, וזאת... שישה חודשים בלבד אחרי שבוועידה מסחרית קרטר שיבח את המעלות של סעודיה; בשנת 1993 המלך הסעודי פאהד תרם 7,6 מיליון דולר לאותו מרכז; ב-2005 הנסיך אלואליד בין טלאל, אחיין של המלך, תרם לפחות חמישה מיליון דולר למרכז קרטר; בשנת 2000, עשרה אחים של אוסמה בין לאדן הבטיחו לו יחד מיליון דולר וכך עשה בשנת 1998 הסולטן של עומאן קבוס בין סעיד. מימון נוסף הגיע מהקרן הסעודית לפיתוח *ומהקרן הכוויתית לפיתוח הכלכלה הערבית*, בנוסף לקרן הפיתוח של אופ"ק.

בשנת 2001, קרטר קיבל את הפרס *Zayed International Prize for the Environment* בן 500.000 דולר מה- Zayed Center היושב באבו דאבי; מה נאמר, מיקום ממש אידיאלי אם באותו מקום לא היו מתארחים מכחישי השואה, ומשם הופצה השמועה שמאחורי הפיגועים של ה-11 בספטמבר עמדו יהודים ומזימה מהסוג של *זיקני ציון* להשתלט על העולם. ממש אנשים יפים...

שאלה: מי זה היה השיך זאיד בן סולטאן אל-נהיאן? הוא היה הנשיא הראשון של איחוד האמירויות בנוסף להיותו אנטי ישראלי ואנטישמי.

לא פחות אנטי ציוני היה ריצ'ארד ניקסון, הנשיא שמקורו באגף הימני של הרפובליקנים, שבהקלטות של מה שקרוי *Pentagon Papers (1971-1973)* נשמע מתבטא בצורה מבישה: *"היהודים נולדו להיות מרגלים. שמתם לב כמה הם? הם נמצאים בכל מקום. אני דורש בדיקה בכל המקומות הרגישים בהם מעורבים יהודים. חייבים לשים בראש מישהו שאיננו יהודי ושיוכל לבדוק את מעשיהם כל הזמן. ברור? מצד שני הם לא אמינים, הם פועלים נגדנו!"*. הפקיד של סוכנות ההגירה, אשם בכך שמילא את תפקידו זכה לכינוי *"היהודי בשם רוזנברג. צריך להעיף אותו. צריך להעיף אותו!"*. חזר על דבריו פעמיים *כאילו* זה לא היה ברור. ולבסוף *"הדובדבן מעל הקצפת"*: *"אני נשבע שאני רוצה שמישהו יגיע לקנדי, הבן זונה הגדול! יש לו צבא של יהודים שעובדים עבורו!"* חמור ומרגיז.

גם ברק אובאמה התבלט בגלל שקרים מטופשים, או בורות, תבחרו אתם, לגבי ישראל. אפשר למצוא אותם בפרק ה-25 של *A Promised Land* (הארץ המובטחת), הראשון מבין שני ספרי זכרונותיו. מידבהתחלה הנשיא האמריקאי לשעבר, יורה שטויות בלי הבחנה:

"הצהרת בלפור משנת 1917 פורסמה על ידי האנגלים שבאותו זמן כבשו את פלסטין".

סליחה אך עדיף לדייק מאחר ובשני לנובמבר 1917, תאריך נתון המצויין על ידי מי שהחזיק בידיו את מושכות המעצמה הגדולה ביותר בעולם, האנגלים עדיין לא

"כבשו" את פלסטין. זה היה ב-11 לדצמבר 1917 שכוחותיו של הגנרל אלנבי נכנסו
לירושלים.

אפשר לאמר, טעות המורה אך רק טעות אחת... אבל לא!
*"במשך שלושת העשורים לאחר מכן, ישראל תישא בסדרה של סכסוכים עם
שכניה הערבים"*. כאן השקר הוא מביש, בדומה לזה כשמסקרים פיגוע ובכותרות של
כלי התקשורת מדברים על "קטטה". בולטת הכוונה להסתיר את סיבות הפרובוקציות
וההתקפות של הערבים נגד ישראל.

הוא מדרדר עוד יותר כשבפינת חוש ההומור האישי שלו, טוען ש-
*"המנהיגים הציוניים גייסו את גל ההגירה היהודית לפלסטין וארגנו כוחות מזוייינים
מאוד מיומנים כדי להגן על ההתנחלויות שלהם"*.

כנראה לא שם לב (במקרה הטוב) שההגירה היהודית, במציאות, צומצמה מאוד
על ידי האנגלים ולעומת זאת, כפי שהוכח, עודדו ההגירה הערבית.

אך זה לא הכל.

"כשהבריטים נסוגו, שני הצדדים מצאו את עצמם מהר מאוד במלחמה".

מצאו את עצמם?!? הערבים איימו לטבוח ביהודים עוד לפני, ומייד אחרי ההצבעה
על תוכנית החלוקה; זו הוכחה לכך שארבע מדינות ערב ניסו לכבוש את השטח
המיועד לישראל. בפרק המוקדש ללובי *הערבי*, אחרי ה-AIC (Arab Information-
Centre) *שעל שקריו בתעמולה כבר כתבנו*, לא חסרה ההתייחסות הכרונולוגית
לאירגונים מוסלמים אחרים הקיימים בארה"ב, כמו *Council on American-Islamic
Relations)* CAIR) משנת 1994; זה נולד כרעיון עוד ב-1993 כאשר פעילים *של חמאס*
ותומכים בפילדלפיה החליטו להחרים את הסכמי אוסלו שרק עכשיו חתמו עליהם.
עוזר התובע הכללי, Ronald Weich, התלונן שהתעתיקים וההוכחות של המשפט
ל- *Holy Land Foundation*,גילו קשר ישיר בין המקימים של CAIR והוועד למען
פלסטין, ובין זה האחרון לבין *חמאס*.

במקרה אחר, הפרקליטות הפדראלית הבהירה: *"מאז הקמתו על ידי המנהיג של
האחים המוסלמים, ה-CAIR קשר קשר עם חברים נוספים מהאחים המוסלמים כדי
לתמוך במחבלים"*. ב-2008, ה-FBI הפסיקה את קשריה עם CAIR; ראש המחלקה
לשעבר במחלקה נגד טרור ב-Steve Pomerantz ,FBI, טען: *"ה-CAIR הגן על אישים
המעורבים באלימות הטרור כולל מנהיג חמאס מוסה אבו מרזוק"*.

ה-CAIR ממשיך להתחזק הודות למימון השוטף מחו"ל; החל מסעודיה (250.000
דולר), שליט ייסוד דובאי (מיליון דולר), (*Bank of Kuwait* ההלוואה של 2,1 מיליון
דולר), הנסיך הסעודי אלואליד בין טלאל (תרומה של 500.000 דולר) והנסיך הסעודי
עבדוללה בין מוס'עד (112.000 דולר). ה-CAIR קיבל תרומות גם מהוועידה
העולמית של הנוער המוסלמי, קרובה לסעודיה, שמקדמת רעיונות איסלאמיים
קיצוניים. הלובי *הערבי* הזה הוא כל כך חזק שה-CAIR ב-2002 שיכנעה את הבמאים

של הבסט סלר של Tom Clancy, *"The Sum of All Fears",* תוך החלפת המחבלים הערבים שבספר בניאו נאצים. במאי הסרט, שיא הצביעות, החמיא ל-CAIR: *"כולי תקווה שאתם מרוצים עכשיו מאחר ואין בכוונתי להציג צד שלילי של ערבים או מוסלמים".*

בנוסף ל-CAIR קיים גם ה-.*שנוסד ב-1990* American Muslim Council (AMC) הארגון הזה מצליח באומנות הלשון הכפולה להילחם (במילים) בטרור אך מסרב לגנות איגונים כמו *חמאסו-ג'יהאד* איסלמי בטענה שמי שנלחם בטרור במציאות נלחם רק נגד *"המוסלמים והערבים בהיותם כאלה".*

המייסד של AMC, אבדורחמאן אלעמודי, צולם אפילו כשהוא חוגג את מעשיהם של *חמאסו-חיזבאללה* בכינוס איסלמי. הוא גם השתתף, בשנת 2000, בהפגנה פרו פלסטינאית מול הבית הלבן וקרא למתאספים שם: *"כולנו תומכי חמאס... אני גם תומך בחיזבאללה".* זאת ועוד... בבירות צולם באיזה כינוס יחד עם נציגים של אל-*קעידה, הג'יהאד האיסלמי, חמאס וחיזאבללה.* הוא גם הוקלט כשהגדיר *"פעולה ראויה"* בהתייחסו לפיגוע בשנת 1994 נגד מרכז הקהילה היהודית בבואנוס איירס בו מצאו את מותם 86 אנשים.

בין אלה העומדים מאחורי תומכי הטרור הנ"ל גם כמה אירגונים נוצרים מסויימים כגון ה- *American Friends Service Committee,* הוועידה הארצית של הבישופים הקתולים, המועצה הלאומית של הכנסיות של ישו והכנסייה הפרסביטריאנית. כל אלה יחד כתבו מכתב מחאה לטובת ה-AMC שסומן כ-*"הקבוצה המוסלמית העיקרית בוושינגטון".*

גול עצמי מהדהד נגד ישראל הובקע על ידי בית הדין הבינלאומי בהאג שפתח בחקירה פלילית נגד ישראל *וחמאס.* איפה הבעיה? בית הדין קבע שהשטחים הפלסטינאים הם תחת סמכותוהשיפוטית, אבל זה בניגוד לתקנון בית הדין כי סמכות השיפוטו ניתנה רק למדינות מוכרות. להכיר באש"ף זו הפרה חמורה מאוד של התקנון. בין היתר, לא ישראל ולא ארה"ב אישררו אי פעם תקנון זה כך שהחלטות בית הדין אין לה שום ערך לגביהן.

ומה עם האו"ם? ניתן לומר שהוא האב הרוחני של *הלובי הערבי.* שם ציינו אפילו דקת דומיה במותו של שליט קוריאה הצפונית קים יונג-און. אותו אחד שדרך שר החוץ שלו פרסם הצהרה בה הגדיר את ישראל

"מדינה תומכת טרור המנסה להשמיד מדינות אחרות ושהפכה את עזה כולה למשחטת בני אנוש ומקום בו נטבחים ילדים" ושכל זה נובע *"מהרוח המיזנטרופית שלה ומהשאיפה להתרחבות טריטוריאלית".* במחשבה שנייה...תעודת כבוד לישראל.

ומה עם בן קי-מון שבכינוס שבכינוס למען האקלים בפריז דרש דקת דומיה לזכר כל קורבנות הטרור בעולם והשמיט, איזו מקריות, דווקא את ישראל. כך נהגו גם האפיפיור ברגוליו, ג'ו ביידן *ומנהיגים בינלאומיים אחרים.*

מאז שנות ה-70 הלך והתחזק באסיפה הכללית גוש של מדינות נגד ישראל (כמעט כולן אוטוקרטיות או דיקטטורות). לדוגמא, בשנת 1975 הצביעו בעד ההחלטה המשווה את *הציונות לגזענות* כל המדינות הקומוניסטיות, דיקטטורות מהעולם השלישי (בינהן אוגנדה *של הרוצח אידי אמין*), הודו, סין, מיני מדינות כמו קייפ ורדה או האיים המלדיבים, מדינות גזעניות כפי שיכולים לספר הכורדים והיהודים מעירק, המוסלמים בהודו, האינדים בפקיסטן, השחורים בסודן, הבלטים והיהודים של ברית המועצות. אין מה לומר... אוסף של אנשים מכובדים. שש עשרה שנה מאוחר יותר, ב-16 לדצמבר 1991, עם 111 קולות בעד, 25 נגד ו-13 נמנעים האסיפה הכללית מצאה את הדרך לבטל את הבושה ההיא.

אם ננתח את 175 ההחלטות של מועצת הבטחון של האו"ם עד שנת 1990, 97 היו נגד ישראל. מתוך 690 ההחלטות של האסיפה הכללית עד שנת 1990, 429 היו נגד ישראל. אבל, עד שנת 1967 כשהושמדו בתי כנסת, כשהירדנים חיללו באופן שיטתי את בית העלמין על הר הזיתים והיו מונעים גישת היהודים להר הבית או לרחבת הכותל, האו"ם משום מה היה שקט לגמרי.

היו החלטות מגוחכות ממש: למשל, החלטה מס' 162/1961 על קיום חזרה גנרלית למצעד צבאי בחלק של ירושלים שהאו"ם עצמו הכיר כחלק של ישראל. המלך חוסיין התלונן והמועצה קראה את ישראל לסדר. יש לשים לב ש-65 ההחלטות מועצת הבטחון שנטען הן תמיד נגד ישראל, רק 17 (כלומר 26%, מעט יותר מרבע) היו באמת כאלה. יתר ה-48 גינו את ישראל על כך "שהעזה" להגיב לטרור הערבי...מה שלא יהיה כשממש אי אפשר אחרת אז מגנים את ישראל *"וכל יתר המעורבים".*

אבל היום שהמצדדים בסובייטים ובמוסלמים כבר לא מה שהיו פעם, יש 193 חברים באו"ם מתוכם 120 שייכים למה שקוראים "גוש המדינות הבלתי מזדהות", אלה שבתקופת המלחמה הקרה לא היו עם המערב ולא עם הגוש הסובייטי; והם בחרו באיראן כדובר שלהן. בינהן יש 56 חברים של הארגון לשיתוף פעולה איסלמי *(Organization of Islamic Cooperation).*

התאריך 29 בנובמבר, יום בו ב-1947 האו"ם הכריז על תוכנית החלוקה, הוכר *"כיום הבינלאומי לסולידריות עם הפלסטינאים";* הכל לווה בנאומים מבישים, סרטים ותערוכות נגד ישראל. באחד מהאירועים האלה הוצגה מפה של המזרח התיכון ללא מדינת ישראל ובמקומה המדינה הלא קיימת *"*פלסטין*".*

כשציינו את האירוע בשנת 2007 (60 שנה להכרזה) הוצגו רק שני דגלים, זה של האו"ם ושל פלסטין.

כדי להבין את החרפה נגד ישראל, להלן דבריו של שגריר ישראל לשעבר באו"ם דורי גולד ב-2000, מייד לאחר הנסיגה מלבנון.

הנה העובדות המצמררות. שלושה חיילים ישראלים נחטפו בחוות שבעא על גבול לבנון; הביון הישראלי ידע שהחטיפה נקלטה במצלמות של יוניפיל, משלחת

השלום של האו"ם. השליח של קופי ענאן במזרח התיכון, Terje Roed-Larsen, הכחיש את קיום הסרט. מה קרה לאחר מכן? יוניפיל אישר שברשותו הקלטת עם צילום החטיפה מה שהכחישו עד אז; החוטפים לא נתפסו והחטופים נהרגו בפעולה.

בגלל *הלובי הפרו-פלסטינאי*עד שנת 2005 לא צויין באו"ם עניין השואה אף על פי שהמזכיר הכללי ענאן הזכיר שהאו"ם נולד כתשובה *ללגרים הנאצים*. במלאות 50 שנה לשחרור אושוויץ, ב-1995, הרוסים ומדינות ערב התנגדו לכינוס מיוחד בנושא; רק 150 מדינות מתוך 191 הצביעו בעד איזכור 60 השנה אך גם זה רק אחרי התחייבות קופי ענאן שתתקיים הצבעה (כפי שבאמת קרה) גם על החומה שישראל בנתה לאורך הגבול בגדה המערבית. רק כדי להבין את האווירה במקום, ביום הזיכרון, 24 לינואר 2005, נציגי מדינות ערב והאיסלם לא נכחו במקום; רק אפגניסטן ששוחררה לא מכבר על ידי ארה"ב, טורקיה וירדן נכחו במקום.

הלובי הערבי יזם ב-1975 גם את הוועד לזכויות הבילתי ניתנות לביטול של העם הפלסטינאי, שמטרתו הייתה רק לשאוב עוד ועוד מיליוני דולרים להנפקת בולים, לארגון כינוסים, להכנת סרטים וטיוטות של החלטות לתמיכה *"בזכויות"* של הפלסטינאים.

אותו דבר קורה עם המועצה לזכויות האזרח של האו"ם (הגוף שהחליף ב-2006 את הוועדה לזכויות האזרח); כאן נמצאות דיקטטורות כמו סעודיה, קטאר ונצואלה. המטרה היא תמיד לתקוף את הדמוקרטיה הישראלית תוך כיסוי העיניים בפני טרגדיות המתרחשות בדארפור, סין או קובה (שקשה להאמין אך יש להם מושב במועצה.)

ב-2007 סודן ישבה בראש וועדת פיקוח על זכויות האדם אף על פי שנשיאה היה – כן, כן –עומר חסן אל-בשיר, האחראי על הטבח בדארפור. ב-2013 איראן נבחרה לעמוד בראש הוועדה לפיקוח על החימוש... כיאה לתמיכה שלה במחבלים, לתוכניות הגרעין *שלה* המוצהרות בגלוי כנשק נגד ישראל. הדיקטטורה האירנית גם מונתה לסגנית הנשיא של הוועדה המשפטית של האסיפה הכללית.

וישראל, למרבה הפלא, לא יכולה לקחת חלק בוועדה לזכויות האזרח אף על פי שהיא היחידה במזרח התיכון שמכבדת אותן. אפשר כמובן לטעון שלישראל יש נשק אטומי והיא מהווה סכנה. השוני מפקיסטן, הודו וקוריאה הצפונית הוא שישראל לא ביצעה ניסויים גרעיניים ולא איימה אף פעם להשתמש בנשק הזה בעת מלחמה.

ומה עם המועצה לזכויות האדם HRC? ב-2009 מונתה וועדה כדי לחקור פשעי מלחמה שלכאורה ביצעה ישראל במלחמה נגד *חמאס*.ומי ישב בוועדה? אותה Christine Chinkin שהאשימה את ישראל בפשעי מלחמה עוד לפני שהחלה החקירה! ומה עשתה הוועדה? אימצה את הדו"ח שלה בן 575 עמודים המבוססים על מה שהפלסטינאים סיפרו בלי שום הוכחה. לפי מסמך זה, *חמאס* לא תקף אזרחים לכן לישראל לא עמדה הזכות להגן על עצמה.

ומה נאמר על הוועדה העולמית של האו"ם נגד הגזענות שהתקיימה ב-2001 בעיר דרבן בדרום אפריקה? כולה לשרות *הלובי הערבי* נגד ישראל.

רוצים נתונים כפי שהם? האוכלוסיה הישראלית היא 0,10% מאוכלוסיית העולם אך יש נגדה 40% מהקולות באסיפה הכללית.

מזכ"ל האו"ם לשעבר קופי ענאן אישר בנאום הפתיחה של המושב ה-61 של האסיפה הכללית ב-2006 שמוסדות האו"ם נוהגים בשני סטנדרטים שונים, אחד כלפי ישראל והשני כלפי מדינות אחרות שלהן התנהגות שווה (או גרועה עוד יותר).

ועכשיו שאלה: יש למישהו אומץ לדבר (רק) על *הלובי היהודי*?

בני ברית "שותפים" של הפתרון הסופי?

אף על פי שאין קשר ישיר עם הנושאים שבספר, אני מוצא לנכון להביא כאן, בקצרה, פרק מספרי הקודם; זה יאיר את עיניכם בנושא בושה מוסתרת ע"י הממלכה הבריטית וארה"ב.

נודה על האמת שהספר של ההיסטוריון והמרצה האקדמי היהודי-אמריקאי ריצ'ארד ד. ברייטמן המתבסס על גילויים חדשים על השואה מתוך הארכיונים הבריטים והאמריקאים, אינו מספיק מוכר אך מאוד בסיסי.

בקשת ההיסטוריון מה-National Archives האמריקאים לגישה לחלק מהארכיונים על התנהגות ארה"ב ביחס לשואה בזמן מלחמת עולם השנייה התקבלה בחוסר רצון אם לא ממש בסירוב. התשובה הראשונה הגיעה לאחר 9 חודשים; והאפשרות לעיין בחלק מהמבוקש אושרה אחרי זמן מאוד ארוך. אותה בקשה מהארכיונים הבריטים נזקקה ללחץ מצד כלי התקשורת ועזרה מצד חברים בבית הלורדים. רק אחרי הנצחון של בלייר בבחירות ב-1997 דברים החלו לזוז. בקשה דומה הופנתה לארכיונים השוויצרים אך אלה ננעלו בפני הסטוריונים.

מדוע הייתה כזו התנגדות מצד ממשלות ארה"ב ובריטניה? מה היה להם להסתיר?

"בחודש מאי 1943 השגרירות הפולנית בלונדון מסרה למשרד החוץ הבריטי דו"ח מאוד מפורט על רצח העם המתבצע בטרבלינקה שכותב הדו"ח האמין שזהו מרכז ההשמדה של היהודים האירופאים. באותו מסמך הוזכרו מחנות אחרים לאותה מטרה ובינהם אושוויץ."

ב-8 לדצמבר 1942

"מוריס וורטהיים מהוועד היהודי האמריקאי, אדולף הלד מהוועד היהודי, הנרי מונסקי מבני ברית, ישראל רוזנברג מאיגוד הרבנים האורתודוקסים בארה"ב והרב סטפן וויז מסרו לנשיא רוזוולט תזכיר 'תוכנית ההשמדה' שכלל פרק מיוחד להוראת היטלר להשמיד את היהודים...וויז התחנן בפני רוזוולט לפרסם את התוכנית בכל העולם ולעשות הכל כדי לבלום אותה. הנשיא ענה שהשמימשל היה כבר מודע (כן!) לכל האירועים (האישור הגיע לנציגי ארה"ב בשווייץ ומדינות אחרות)."

איך האנגלו אמריקאים השיבו לדרישה לקלוט פליטים יהודים כדי לשרוד?

"משרד הפנים מודיע שהוא מוכן לקלוט [בממלכה הבריטית] מספר מצומצם של פליטים, בין אלף לאלפים ולא יותר ... בתנאי שיועברו לאי מאן וישהו בו עד שהמשרד יחשוב לנכון. אינו יכול לקבל שהדלת תיפתח ליהודים באופן חסר הבחנה. יש לקחת בחשבון שבמדינה כבר נמצאים עשרת אלפים פליטים ובעיית קליטתם קשה מאוד ותהפוך לקריטית אם תתחדשנה ההתקפות האוויריות. שר הפנים מציין שמתחת לפני השטח קיימת אנטישמיות חזקה מאוד. אם נגדיל את מספר הפליטים היהודים או אם פליטים אלו לא יעזבו את המדינה, אחרי המלחמה נהיה בצרות גדולות."

קשה להאמין. ממש צמרמורת. וזה לא הכל כי

"כשבסוף דצמבר 1942 דיפלומטים בריטים בטורקיה הודיעו שאולי רומניה תהיה
מוכנה לשחרר עד שבעים אלף יהודים, פקיד ממשרד החוץ הבריטי, מומחה לנושא,
הגדיר זאת 'כאפשרות' נוראית שנצטרך להתמודד איתה אם רוצים למנוע את התוכחות
של הארכיבישופים. נסיגת רומניה מהרעיון לבסוף חסכה מבריטניה את המבחן הזה".
ב-16 לינואר, Lady Reading, המייסדת ונשיאת ה-Women's Voluntary Service
(WVS)), שלחה לצ'רצ'יל את המכתב הבא:

"אתה יודע טוב ממני כיצד במילים אוכל לתאר את המצב הנוראי בו נמצאים
היהודים תחת הנאצים...חלק מהם ניתן עוד להציל אם נצליח לשבור את כבלי הברזל
של הבירוקרטיה".

ממשרדו של צ'רצ'יל ענו בצורה בלתי מתקבלת:

"כרגע תשומת ליבנו מופנית לבעיה הגדולה של סיוע ליהודים וללא יהודים [כאילו
הם עומדים באותו מצב תחת סכנת השמדה!] הנמצאים תחת שלטון האויב...אפילו אם
נקבל אישור שישלחו לנו את כל היהודים (נשאיר בצד לרגע הלא יהודים) רק ההובלה
שלהם היא בעיה שקשה מאוד לפתור ...".

קרה גם ש-:

"הפקידים שעבדו במחלקת הוויזות התלוננו על כך שבחג המולד 1942 קיבלו
גלויות ברכה בהן קראו להם 'רוצחים'. ובארה"ב? "הקונגרס לרוב הפגין אדישות... אבל
גם באמריקה ההד שגרמו הידיעות מאירופה הכפיל את דרישות ההצלה, עד כדי כך
שחלק מהפקידים במשרד החוץ ניסה לבלום את הזרמת המידע הזה".

מאוחר יותר "ב-20 לינואר 1943 משרד החוץ הבריטי שולח לוושינגטון תזכיר בו
ציינו שהבריטים מסרבים בכל תוקף להתייחס לנושא הפליטים כבעיה יהודית בלבד,
תוך מתן הסבר שכבר הרבה עמים אחרים סובלים והיו מתעוררות ביקורות אם בני
הברית היו מציגים העדפה ליהודים. משרד החוץ הבריטי צפה התגברות של
האנטישמיות בכל מדינה אליה היו היו מכניסים יהודים. גרמניה ומדינות הלוויין שלה יכלו
להציף במהגרים זרים כל מדינה אחרת".

הבעיה אם כך הייתה לבלום את ההגירה והאנטישמיות שהייתה נובעת מכך,
מעבר לצורך לשמור על מערכת הפענוח הסודית של בני הברית הידועה בשם אניגמה
שכבר גילתה את הפתרון הסופי המתרחש באירופה.

למעשה, משרד החוץ הבריטי הוסיף:

"ממשלת הוד מלכותו נקטה בכל אמצעי כדי-...לדכא את הרעיון שניתן לאמץ
תוכניות הצלה בקנה מידה גדול במצב המלחמתי הנתון".

וגם לשווייץ יש כמה שלדים בארון:

"יום קודם, שגרירות שווייץ בלונדון ציינה בפני משרד החוץ הבריטי שהקונפדרציה
לא מסוגלת לשאת בעול הפליטים גם אחרי המלחמה וביקשה בטחונות בעניין... השגריר
הוסיף גם ששווייץ הייתה מאוד מוטרדת מהזרם הקבוע של פליטים ו-Alec Randall

הרגיע אותו שהשיחות בנושא הן בלתי פורמליות ולא היו מבקשים מממשלת ברן להתחייב על משהו מבלי להתייעץ איתה קודם".

ב-24 למרץ 1943 Joseph M. Proskauer *מהוועד היהודי האמריקאי* והרב וייז, שיחד עמדו בראש *Joint Emergency Committee for European jewish affairs* הצליחו לתאם פגישה עם שר החוץ הבריטי Eden.

"ב-27 למרץ, יום שבת, *Eden* העניק להם חצי שעה. *Wise* ו-*Proskauer* ביקשו שבעזרת הצהרה של מדינות הברית יבקשו מהיטלר להרשות ליהודים לעזוב את אירופה הכבושה. *Eden* הגדיר את הבקשה 'כבלתי מתקבלת על הדעת'... השר היה גם די מדאכ כשהועלה הנושא לשלוח מזון ליהודים הרעבים השוהים באירופה ונעל את הפגישה מבלי לרצות לשמוע רעיונות נוספים. מדוכדכים, השניים חזרו ל-*Welles* שהבטיח לעשות את מה שניתן.

וכך מגיעים לסיפור הוועידה האנגלו אמריקאית באיי ברמודה ב-19 לאפריל 1943:

"בדיון בדלתיים סגורות באיי ברמודה כל צד הסכים לא לדון בנושא שלא רצוי לצד השני; האנגלים חששו מכל הצעה שעלולה להחריף את היחסים עם הערבים במזרח התיכון ולהביא למשא ומתן עם גרמניה על שחרור היהודים או לשלוח אליהם מזון דרך גוש מדינות הברית; ארה"ב חששה מכל מה שיכול היה לפגוע במדיניות ההגירה חסרת הפשרות שלהם".

ואם עקב כך שישה מיליון יהודים ייהרגו, חבל...

תודות

כפועל יוצא מהמעגל האישי של חמשת הספרים הקודמים על *"תגובת הגעגוע הלאומי"* (הפשיזם החדש והבורבוניזם), רציתי להציג משהו דומה אך מזווית אחרת, בינלאומית. כפי ששמתם לב, הנושא הוא רחב כל כך ביחס הפוך לגמרי לשטח הישראלי במזרח התיכון. נאלצתי לכן להשתמש בהרבה מאוד ספרים כפי שמופיעים ברשימת הביבליוגרפיה. בכל מה שקשור להיבט הישראלי במיוחד, היה לי לעזר רב הסיוע שמצאתי בכתבים של Bard, Del Valle, Foxman, Meotti, Nirenstein, Vercelli או של העורך האנונימי של קובץ ה-*pdf* "ישראל 300 מאמרים חובה".

נעזרתי רבות גם מידיעות ישירות באתרים רבים באינטרנט וביניהם האתרים האישיים של Mitchell Bard ו-Fiamma Nirenstein. נציין עוד את דפי ה-*web* כמו *Jewish Virtual Library, Progetto Dreyfus, Osservatorio Antisionismo, American Jewish Committee, Gatestone Institute, Focus On Israel, Franco Londei, Informazione Corretta, L'informale*, ציונות: הוראות שימוש, *Israele.net, UCEI, UGEI – Unione Giovani Ebrei d'Italia* והפורום *Ebrei e Israele*.

במיוחד ב-*Facebook* דפים וקבוצות יקרי ערך *Hatikva Israele, Israele in Italia, Unione Associazione Italia-Israele, WJDA – World Jewish Defence Association, Cultura Ebraica DOC, AdiAmicidiIsraele, Shalom* וכו' וכו'.

תודה מיוחדת לעצות הנבונות של *Antonio* Hans Wilms, Luciano Tanto, Molino, Ilary Sechi, Deborah Fait, Stefano Matulli, Monica Baruchello, Germana Tomasoni, Luc Schwarz, Claudio Corzani, Eva Engel, Barbara Carli, Daniela Politi, Mariano Brandoli, Mario Klein, Umberto di Francesco, Ferdi Ruffo, Jonata Poloni, Diego Landolfi, Guido Longi, Ribqah Sciarrone, Isabella Rossi, Filippo Ferlito, Crescenzo Persico, Dario Lingi, Fabio Gavazzi, Michel Andrea Bornstein, Michael Di Alessio, לתמיכה של *Miara,Donato Di Segni* Riccardo Batori, Riccardo Fabio ולכל החברים וקוראים, במיוחד Claudio Carpentieri, שעוקבים ומעודדים החל מהספר הראשון שלי שהוגדר על ידי הפרופסור Barbero *"עבודה נהדרת ומועילה".*

הרשימה לעיל אינה לפי האלף בית ובוודאי נשכחו שמות מסויימים, דבר שיתוקן בהמשך.

אמיתות העובדות בקשר לסיכסוך הערבי-ישראלי עמד בראש מעייני לאורך כתיבת ספר זה: לאור ההצלחה הגדולה, מעבר למצופה, ולבקשות הרבות מכל העולם, נתרגם את הספר לא רק לאנגלית אלא כמה שיותר שפות נוספות. כל מי שחושב שיוכל לתרום בעשייה הזאת יתקבל בברכה.

את שלי עשיתי, כך לפחות אני חושב. עכשיו תורכם, קוראים יקרים להפיץ
ולהציג – גם דרך ביקורות *online*– את מה שרק סיימתם לקרוא.

בבליוגרפיה

••••

ALLAM, M.C.*Viva Israele.Dall'ideologia della morte alla civiltà della vita. La .mia storia*. Mondadori, Milano, 2007

Bard, M. *The Complete Idiot's Guide to Middle East Conflict.* Alpha, .Indianapolis, 1999

The Arab lobby. The invisible alliance that undermines America's interests in - .the Middle East. HarperCollins, New York, 2011

*Myths and Facts. A Guide to the Arab-Israeli Conflict.*CreateSpace- .Independent Publishing, Platform Scotts Valley, 2017

Barnavi, E.*Storia d'Israele. Dalla nascita dello Stato all'assassinio di Rabin.* .Bompiani, Milano, 2001

.Ben Gurion, D. *Il sionismo*, Luni, Milano , 2000

Black, I.*Nemici e vicini. Arabi ed ebrei in Palestina e Israele. 1917-2017.* .Einaudi, Torino, 2018

Boltanski, C., El-Tahri, J.*Les sept vies de Yasser Arafat.* Grasset & Fasquelle, .Parigi, 1997

Bregman,A.*La vittoria maledetta-storia di Israele e dei territori occupati.* .Einaudi, Torino, 2017

Breitman, R.D., *Il silenzio degli alleati. La responsabilità morale di inglesi e .americani nell'Olocausto ebraico.* Mondadori, Milano, 2000

Brillanti, C.*Studi politici. Materiali e documenti. Le sinistre italiane e il .conflitto arabo-israelo-palestinese. 1948-1973.* University Press, Pisa, 2018

.Chomsky N., Pappé I., *Palestina e Israele: che fare*? Fazi, Roma, 2015

Codovini, G.*Storia del conflitto arabo israeliano palestinese. Tra dialoghi di .pace e monologhi di guerra.* Bruno Mondadori, Milano, 2007

Del Valle, A. *Il totalitarismo islamista all'assalto delledemocrazie.*Solinum .editore, Alessandria, 2007

Perché la Turchia non può entrare nell'Unione europea. Guerini ed - .Associati, Milano, 2009

I Rossi Neri, Verdi: la convergenza degli Estremi opposti. Islamismo, - .comunismo, neonazismo. Lindau, Torino, 2009

.Dershowitz, A.*The Case for Israel.* Wiley, Hoboken, 2003

.Eban, A.*Eredità.Gli ebrei e la civiltà occidentale.* Mondadori, Milano, 1986

.Estulin, D.*Isis S.p.a.* Sperling & Kupfer, Segrate (Mi), 2016

Finkelstein, I.*Il regno dimenticato.Israele e le origini nascoste della Bibbia.*Carocci, Roma, 2020

Foxman, H.*The Deadliest Lies. The Israel Lobby and the Myth of Jewish Control.* Abraham St. Martin's Press,New York, 2007

.Fraser, T.G.*Il conflitto arabo-israeliano.*Il Mulino, Bologna, 2009

Hart, A.*Arafat, Terrorist or peacemaker?* Sidgwick & Jackson, London, 1984.

.Herzl, T.*Lo Stato ebraico.* Carabba, Lanciano (Ch.), 1918

Meotti G. *Muoia Israele. La brava gente che odia gli ebrei.* Rubbettino Editore, Soveria Mannelli, 2015

- *L'Europa senza ebrei.* Lindau, Torino, 2020.

Moncada Di Monforte, M. *Israele. Uno Stato razzista. Anche verso gli ebrei non europei.* Armando Editore, Roma, 2010

.Morris, B.*1948. Israele e Palestina tra guerra e pace.* Rizzoli, Milano, 2004

- *Esilio. Israele e l'esodo palestinese 1947-1949.* Rizzoli, Milano, 2005.

- *La prima guerra di Israele. Dalla fondazione al conflitto con gli Stati arabi 1947-1949.* Rizzoli, Milano,2007.

- *Due popoli una terra.* Rizzoli, Milano, 2008

- *Vittime. Storia del conflitto arabo-sionista 1881-2001.* Rizzoli, Milano, 2009.

Morris, B., Black, I.*Mossad. Le Guerre Segrete Di Israele.* Rizzoli, Milano, 2003.

.Nirenstein, F. *A Gerusalemme.* Rizzoli. Milano, 2012

- *Le 12 bugie su Israele. Tutti i luoghi comuni dell'odio antiebraico.* Editore il Giornale, Milano. 2016.

- *Jewish Lives Matter. Diritti umani e antisemitismo.* Giuntina, Firenze, 2021.

Pacepa, M. *Red Horizons. Chronicles of a Communist SpyChief.* Gateway Books, Southlake, 1987.

.Pappé,I.*La pulizia etnica della Palestina.* Fazi, Roma, 2008

- *Storia della Palestina moderna.Una terra, due popoli.* Einaudi, Torino, 2014.

.Rocca, C. *Contro l'Onu.* Lindau, Torino, 2005

Said, E. *La questione palestinese. La tragedia di essere vittima delle vittime.* Gamberetti, Roma, 2001.

Tarquini, A. *Socialismo, sionismo e antisemitismo dal 1892 al 1992.* Il Mulino, Bologna, 2019.

Vercelli, C. *Israele. Storia dello Stato. Dal sogno alla realtà (1881-2007).* La Giuntina, Firenze, 2007.

- *Breve storia dello Stato d'Israele 1948-2008.* Carocci, Roma, 2008.

- *Storia del conflitto israelo-palestinese.* Laterza, Bari-Roma, 2010.